TRANSMISIÓN PSICOANALÍTICA

COMISIÓN CIENTÍFICA

Federación Psicoanalítica de América Latina (Fepal)

COMISIÓN DE FORMACIÓN Y TRANSMISIÓN DEL PSICOANÁLISIS

Miembros de la Comisión

Cecilia Teodora Rodríguez
(Coordinadora de la comisión, autora e organizadora del libro
Daniel Delouya
(Coordinador Alterno de la comisión e autor)
Cecilia Lauriña
(Autora y coorganizadora del libro)
Ana María Chabalgoity
(Autora y miembro de la comisión)
Gabriel Rivera
(Autor y miembro de la comisión)
Carmen Labarthe
(Miembro de la comisión)
Fernando Grinberg
(Miembro de la comisión)

Blucher

TRANSMISIÓN PSICOANALÍTICA

Perspectivas actuales en Latinoamérica

Organizadoras

Cecilia Teodora Rodríguez
Cecilia Lauriña

Transmisión psicoanalítica: perspectivas actuales en Latinoamérica

Serie Fepal: psicoanálisis latinoamericano
Coordinadora científica Marina Massi

Publisher Edgard Blücher
Editor Eduardo Blücher
Coordinación editorial Rafael Fulanetti
Coordinación de producción Andressa Lira
Producción editorial Departamento de producción
Preparación y revisión del texto Mariana Góis
Composición Departamento de producción
Tapa Laércio Flenic
Colaboración Leo Mangiavacchi (diseñador – Fepal)
Imagen de tapa iStockphoto

Blucher

Rua Pedroso Alvarenga, 1245, 4º piso
04531-934 – São Paulo – SP – Brasil
Tel.: 55 11 3078-5366
contato@blucher.com.br
www.blucher.com.br

Datos de catalogación en publicación internacional (CIP)
Angélica Ilacqua CRB-8/7057

Transmisión psicoanalítica : perspectivas actuales en Latinoamérica / organizado por Cecilia Teodora Rodríguez, Cecilia Lauriña. - São Paulo : Blucher, 2024.
182 p. (Serie Fepal / coordenadora Marina Massi)

Varios autores
Bibliografía
ISBN 978-85-212-2257-6

1. Psicoanálisis 2. Cultura 3. America Latina I. Rodrígues, Cecilia Teodora II. Lauriña, Cecilia III. Massi, Marina IV. Federação Psicanalítica da América Latina V. Serie

24-4081 CDD 150.195

Las puntuaciones de catálogo sistemático:
1. Psicoanálisis

Sobre la serie

El proyecto de la Serie Fepal es fruto de mis dos años de trabajo como Coordinadora Científica de la propia Fepal, durante la gestión 2022-2024, presidida por Wania Maria Coelho Ferreira Cidade.

La integración de los colegas y la producción latinoamericana fueron algunos de los marcos orientadores de las actividades del equipo de la Coordinación Científica. Son puntos de encuentro en el *trabajo colectivo* que potencia y abre horizontes para una producción viva y creativa, capaz de enriquecer teórica, técnica y clínicamente el psicoanálisis.

En el programa inicial de la Coordinación Científica de la Fepal (2022-2024), uno de los objetivos principales era la función articuladora y agregadora entre las diversas áreas de la institución. Ello, al promover un diálogo permanente entre sus miembros y entre los diversos proyectos que venían siendo realizados y los que se iniciaron en nuestra gestión.

El objetivo era de integración, respetando la creatividad, la diversidad y la autonomía, en el ámbito interno de las comisiones de trabajo vinculadas con la Coordinación Científica. A saber, Comisión de Formación y Transmisión del Psicoanálisis, Comisión de Investigación,

Comisión de Pareja y Familia, Comisión de *Working Parties* y el Grupo de Estudios de Psicosomática.

De este modo, la Serie Fepal nace, más allá de las comisiones de Coordinación Científica, de la integración y asociación con otras direcciones. Asimismo, pretende ser un vehículo de expresión y difusión de los trabajos producidos en el marco de la propia institución.

Los primeros cinco libros de la Serie Fepal están impregnados con la historia del trabajo y la dedicación de numerosos colegas psicoanalistas. Estos profesionales se han comprometido en una comprensión más profunda de los problemas de desamparo, así como de las cuestiones étnicas, sociales, de género y ambientales en nuestro continente.

Compartimos la necesidad, como psicoanalistas, de conocer el mundo al que pertenecemos. Solo así podemos colaborar de manera más encarnada con nuestros pacientes, parejas, familias, y con el trabajo en instituciones, comunidades y grupos, desarrollando la escucha analítica que es nuestro oficio y arte.

Mi profundo agradecimiento a todos los que hicieron posible la realización de este proyecto editorial.

Marina Massi

Coordinadora científica de la Serie Fepal

Contenido

Reconocimientos

Agradecemos profundamente a Marina Massi, coordinadora científica de Fepal, cuya iniciativa y estímulo ha hecho posible la publicación de este libro, así como a todo su equipo, siempre dispuesto a apoyarnos en cada paso de nuestra tarea.

Agradecemos también de modo muy especial el apoyo de la Comisión Directiva presidida por Wania Cidade, que nos acompañó y nos alentó en cada nuevo desafío.

Dado que la Comisión de Formación y Transmisión del Psicoanálisis está vinculada con la Coordinación Científica de Fepal, expresamos nuestra gratitud a Elizabeth Chapuy, y Ricardo Carlino, Directores Científicos de las gestiones anteriores, quienes impulsaron nuestro trabajo con importantes y fecundos intercambios de ideas.

Nuestro reconocimiento va a todos y cada uno de quienes fueron participes en las actividades que organizamos, tanto a quienes contribuyeron con ideas y planteamientos disparadores para los diversos encuentros, como a quienes respondieron a las convocatorias, sumándose con interés y entusiasmo, lo que se evidenció en la gran cantidad de asistentes a cada una de ellas.

Nuestra gratitud también a nuestros compañeros de comisión, que trabajaron en la organización de estas actividades, Carmen Labarthe y Fernando Grinberg.

Así como a los miembros: Marlí Bergel y María Victoria Niño, y a Mónica Cardenal, Susana Silva de Celle, Laura Ward da Rosa y Luz Marina Orejarena quienes fueron parte del primer periodo de gestión, trabajando en equipo con quienes ahora deseamos dar testimonio de esta travesía.

Ha sido un gusto el trabajo compartido con Daniel Delouya, Ana María Chabalgoity y Gabriel Rivera, ahora también en este libro.

Cecilia Teodora Rodriguez
Cecilia Lauriña

Prólogo

María Cristina Fulco

Cambios y transformaciones en la transmisión del psicoanálisis

Partir del punto de vista que lo específico del psicoanálisis sigue bajo el signo de la interrogación en estos tiempos de mutación civilizadora es ubicarnos desde una postura epistemológica, frente a un paradigma que nos desafía a nuevas y múltiples posibilidades de transformación, tanto en la teoría como en la práctica.

Decir esto es abandonar pretéritos ideales de uniformidad, dogmatismos y creencias en la solidez de nuestros conceptos fundamentales, así como el intento de monopolizar, desde nuestra doctrina, supuestas verdades que pretendan detentar el "oro puro" del psicoanálisis, como venimos escuchando desde algunas de las diferentes sociedades e institutos del API y de la Fepal en relación a cual es el "verdadero" psicoanálisis.

En los diferentes Congresos y Precongresos realizados en las últimas décadas surgía con insistencia la preocupación acerca de que era lo que permanecía vigente del modelo llamado clásico, en la medida que la pluralidad de teorías y la diversidad de prácticas eran las características del psicoanálisis actual.

Se hablaba también de lo que había quedado obsoleto, por no ofrecer ya las herramientas necesarias para el abordaje de la clínica del presente, tanto en la escucha como en la comprensión del sufrimiento y los dinamismos psíquicos.

Es una realidad que los tres modelos reconocidos por la API dan cuenta de las diferencias importantes en los modos de entender la transmisión del psicoanálisis según las características políticas, socioculturales y económicas de cada región.

En los tres modelos existe consenso en la mantención del modelo tripartito, aunque con variaciones nacidas de profundas diferencias en cuanto a como este se comprende y actualiza.

La última pandemia que asoló al mundo y sus actuales efectos tardíos, como también las guerras presentes hoy en tantos lugares del planeta, han repercutido y lo siguen abriendo un abanico de desafíos que tanto en la teoría como en la práctica seguimos enfrentando.

El obligado pasaje a la virtualidad en las tres áreas de la transmisión es un claro ejemplo de los debates que se siguen promoviendo. Estos dan cuenta de los diversos malestares frente a la imposibilidad de responder a exigencias provenientes de regiones ignorantes de nuestras realidades latinoamericanas y descontextualizadas de la actual situación de nuestras sociedades y institutos. Surgen entonces fuertes interrogantes sobre si estos cambios habilitarán la controversia o serán motivos de resistencias apuntaladas en dogmatismos atávicos que bloquean el camino a la reflexión, la creatividad y a nuevas transformaciones.

¿Qué institutos queremos tener? ¿qué criterios de analizabilidad mantenemos en estos tiempos de cambios? Parafraseando el tema del Congreso del API en Boston: ¿Cómo nos cambia un mundo que cambia? Mantenemos las mismas herramientas en el quehacer de nuestro trabajo en este presente en permanente mutación?

Son estas algunas de las reflexiones que nos vuelven a acercar a la herencia freudiana para también interrogarnos de que manera la asumimos.

Cuando Freud en el prólogo a la conmemoración de los 10 años del Instituto de Berlín se mostraba cauteloso y cuestionaba un excesivo reglamentarismo respeto a la práctica y formación analítica, expresaba que una de sus funciones era enseñar teoría, pero ponía el acento en la importancia de la experiencia de un análisis, y que esa experiencia pudiera transmitirse. Se preguntaba: ¿es el ejercicio del psicoanálisis una materia que debe estar sometida a la autoridad o es más adecuado dejarlo librado a su desarrollo natural? Subrayaba así que lo vivencial y esencial de una formación analítica quedaba vinculado a la transmisión.

Estas consideraciones nos llevan a pensar sobre lo que entendemos por Modelo de Formación en esta casi mitad del siglo XXI, que parece acercarse a las características que vivió Freud y su grupo fundador, en su compromiso con los intensos cambios políticos, sociales y culturales de las dos guerras mundiales.

Tal vez de este compromiso con la sociedad y la cultura resultó, junto con el desarrollo científico del naciente paradigma, la creación de las policlínicas gratuitas en las principales ciudades de pertenencia de aquel grupo abierto y implicado con las problemáticas de su época.

Sabemos de las múltiples ofertas psicoterapéuticas que han surgido en las últimas décadas y que han llevado a que el psicoanálisis perdiera el lugar de hegemonía que supo tener en el siglo XX como ciencia dedicada a la investigación y tratamiento del sufrimiento psíquico.

Sabemos también, en estos, nuestros tiempos, de la necesidad de inventar nuevas vías y alternativas, tal vez nunca antes imaginadas, que permitieran continuar con nuestras actividades científicas y de transmisión. El recurso a las nuevas tecnologías constituyó la vía regia para poder continuar nuestra marcha. Su contracara nos enfrentó a nuevos desafíos y cambios, algunos de los cuales llegaron a interrogar conceptos centrales de nuestra práctica como lo son el encuadre y sus elementos, poniendo por momento en cuestión la dimensión ética de nuestra tarea.

Respaldamos y sostenemos la necesidad de estos cambios como modo de evitar el funcionamiento oligárquico o autocrático en nuestras instituciones, así como el riesgo del anquilosamiento y repetición dogmática de modelos de transmisión que al perpetuarse y dejar de ser interrogados y cuestionados, pueden derivar hacia el rango de lo obsoleto en el sentido de la repetición de la palabra muerta. Porque si el conocimiento psicoanalítico, al decir de Piera Aulagnier, es "interrogación sobre el deseo", es necesario entonces que exista un deseo al cual interrogar.

Mantener el carácter disruptivo y subversivo de nuestra disciplina implicaría entonces sostener nuestra deuda con lo heredado, pero desde un lugar de intérpretes que sustituya lo conocido y deje lugar a lo "por conocer". Que habilite y de lugar al "poder transformador de los conceptos", al decir de Julia Kristeva en el último Congreso del API en Londres (2019).

Como propone Laplanche, la importancia de "hacer trabajar a Freud", alejando la sombra de una repetición empobrecedora como vehículo de un adoctrinamiento, inevitablemente se desliza a sometimientos acríticos de los analistas en formación, sostenidos por el analista, supervisor o docente de turno, en el transcurso del largo proceso que lleva a la adquisición de la identidad analítica.

Citar a estos pensadores contemporáneos del psicoanálisis implica, por lo tanto, sostener un alejamiento de las fuentes que permita la crítica renovadora y transformadora. Siempre que pueda ser hecha desde los contextos culturales y científicos de cada época, preservando naturalmente las necesarias fronteras que protejan lo específico de nuestra doctrina como son los conceptos de inconsciente, sexualidad, represión y transferencias. Es decir, los pilares que sostienen el modo en que el psicoanálisis piensa y aborda la estructuración psíquica de todo ser humano.

Que el posicionamiento de cada sociedad e instituto latinoamericano frente a los acontecimientos políticos y culturales, que vulneran los DDHH, es un compromiso ético que lleva implícita la exclusión de un silencio que puede ser sentido como indiferencia es un hecho que parece incuestionable. Tienen lugar aquí las palabras de Pontalis cuando expresaba: "Es mejor entrar en debate que mantenerse al margen, porque la cientificidad exhibida sólo apunta a imponer silencio".

O como dice Anzieu:

> *El problema se plantea en una institución analítica que procura formar analistas, cuando el acto creacional se transforma en gesto burocrático, cuyo desenlace es sabido de antemano[...]cuando la adquisición intelectual de la doctrina es utilizada como ideología.*

Seminarios curriculares extramuros de nuestros institutos y sociedades

En uno de los últimos encuentros de presidentes de la Fepal 2018-2020, cuando transitábamos el auge de la pandemia, surgieron desde los institutos y sociedades la salida "masiva", vía virtual, a la comunidad y la cultura dando cuenta de un psicoanálisis comprometido. Fue planteada la propuesta de volver a pensar los planes de formación de los institutos latinoamericanos, incluyendo en los mismos seminarios curriculares de trabajo en la comunidad, los hospitales, la universidad, entre otros, en el entendido que son espacios que interrogan y dialogan con nuestras teorías y prácticas, enriqueciendo de ese modo el largo proceso de la adquisición de la identidad psicoanalítica.

Los cambios estructurales promovidos a lo largo de los 4 últimos años por la actual Comisión de Formación y Transmisión del Psicoanálisis de la Fepal, coordinada por Cecilia Rodríguez y Daniel Delouya, dan cuenta de una actitud transformadora y creativa, habilitadora de nuevos cambios que han permitido la apertura a diálogos permanentes y sostenidos con las actuales direcciones de los Institutos de la Fepal, así como la integración participativa de representantes de los analistas en formación en la comisión y en los debates abiertos, oportunidades que han permitido escuchar la voz de las nuevas generaciones, enriqueciendo de una manera imprescindible la reflexión sobre las variadas formas de abordaje vinculadas a la transmisión y adquisición de la identidad analítica .

Cronograma de los espacios de diálogo y debate

Esperamos que los capítulos que componen este libro guarden la memoria de un tiempo en el que la transmisión del psicoanálisis enfrentó fuertes cambios, complejas problemáticas y desafíos que nos pusieron frente a nuevos horizontes.

La práctica clínica, y también la política institucional, han sido foco de intensos debates tanto regionales, en el marco de la Federación Latinoamericana de Psicoanálisis, como intercontinentales, con otras regiones de la Asociación Psicoanalítica Internacional, los cuales han sido de enorme relevancia al considerar el futuro del psicoanálisis y su transmisión.

La suma de voces de analistas de distintas latitudes y filiaciones ha sido fundamental a lo largo de este tiempo, y agradecemos enormemente el entusiasmo de quienes participaron en las distintas actividades que como Comisión de Formación y Transmisión del Psicoanálisis de Fepal organizamos durante nuestra gestión. Es importante resaltar que estas actividades dieron lugar a fecundos intercambios en torno a controversias sostenidas en el paso de los años, ahora en el contexto de las circunstancias actuales.

Enumeramos brevemente las actividades:

1. Congreso Didáctico (2020) "Cartografías en la Transmisión del Psicoanálisis: Fronteras y Horizontes (Fue el primer congreso virtual en la historia de Fepal).

2. Ciclo de Mesas de Diálogo 4x4 (2021) en cada una de ellas participaron 4 directores de instituto 4 analistas en formación.
3. XXI Encuentro de Institutos (2021) Transmisión y Formación psicoanalítica en movimiento: Perspectivas Latinoamericanas:
    - Comunidad, cultura y transmisión del psicoanálisis a la luz del contexto Latinoamericano.
    - Análisis e Institución, Tradición y contradicción.
    - Supervisión, Obstáculos y aperturas.
    - Pasando la antorcha en un mundo que cambia, Luces y sombras e la transmisión del Psicoanálisis.
    - Infancia y adolescencia: Perspectivas contemporáneas en la transmisión del Psicoanálisis.
    - Transmisión y Formación en la escena contemporánea.
4. I Reunión de Directores de Instituto (2022).
5. Congreso Didáctico (2022) Travesías en la formación psicoanalítica: Perspectivas Latinoamericanas.
6. Plenaria (2022) El escenario sociopolítico, la comunidad y la transmisión psicoanalítica.
7. Debate Abierto ¿Y ahora qué? (2023) Consideraciones en torno al trabajo remoto en la formación psicoanalítica.
8. II Reunión de Directores de Instituto (2023).
9. XXII Encuentro abierto de Institutos: Autonomía, Democratización y Exogamia en la formación psicoanalítica: Consideraciones sobre el trabajo remoto en el trípode.
10. Diálogo con OCAL (Julio, 2024) psicoanalítica en América Latina. ¿Un psicoanálisis o diversos psicoanálisis? ¿Cuál es la realidad de los analistas en formación?
11. Diversidad y Formación: Experiencias de Inclusión en la Transmisión Psicoanalítica. Diálogo a partir de proyectos de becas para población negra, indígena y migrante.
12. Congreso Didáctico 2024.

1. Contexto y travesía: movimiento, transformaciones y controversias (2020-2022)

Cecilia Teodora Rodríguez

Desde hace más de un siglo, la historia del movimiento psicoanalítico – y particularmente en lo que se refiere al despliegue que este ha tenido desde su llegada a Latinoamérica –, ha encontrado en estas tierras desarrollos fecundos que hacen parte de la riqueza del trabajo psicoanalítico *en* y *desde* nuestra región.

Es desde esta perspectiva que resulta importante sumar algunas apreciaciones que abonen a la memoria de un tiempo que marcó un hito en el movimiento psicoanalítico y su transmisión. Memoria de los días sombríos, que llevaron a poner nueva luz sobre algunos de nuestros paradigmas en el curso de una experiencia histórica en la que individual y colectivamente fuimos sorteando una situación de crisis y emergencia mundial.

Por un periodo que se fue extendiendo mucho más de lo que en un inicio imaginamos, la situación detonada por la pandemia de Covid-19 trastocó nuestra cotidianidad en muchos sentidos, llevándonos a transitar una etapa de peligro y mucha zozobra. El altísimo número de muertes y contagios provocaron que las restricciones sanitarias de países alrededor del mundo se extremaran en un confinamiento obligado como intento de controlar la propagación de una enfermedad que rápidamente se extendió de forma devastadora.

Era difícil imaginar que ese confinamiento se prolongaría en algunos países por casi dos años y que el periodo que se llamó "nueva normalidad" duraría casi tres. Hasta declararse oficialmente el fin de la pandemia.

En ese contexto, el paso ineludible al trabajo mediatizado por recursos tecnológicos nos enfrentó a situaciones inéditas en la formación psicoanalítica.

Aunque el análisis "a distancia", o "remoto" ha sido practicado desde hace un par de décadas, nunca se había dado que de forma generalizada en el campo de la transmisión del psicoanálisis tuviéramos que trabajar ineludiblemente de esa manera en los tres ejes del trípode. Esas circunstancias tan dramáticas atravesaron la formación psicoanalítica de quienes iniciaron, transitaron o terminaron el programa de sus institutos en esas condiciones.

¿Qué efectos se han registrado? Innumerables testimonios, debates y controversias han hecho parte de la travesía de este tiempo que marcó la historia contemporánea. Y sin duda también marcó la historia del psicoanálisis y su transmisión.

Es importante dejar en la memoria escrita lo que aconteció en ese tiempo de gran incertidumbre y zozobra, resaltando la manera como vivimos esto en el contexto de la Fepal, y la rapidez con la que respondieron los institutos para adecuarse a las circunstancias en medio de situaciones de crisis, emergencia y dolor.

También es importante resaltar el modo en el que Fepal fue un importante sostén para todos, miembros y analistas en formación, en el momento en que atravesábamos por un punto de quiebre.

Desde el inicio, y ante el impacto más brutal de la crisis por la emergencia sanitaria, fueron de enorme importancia los encuentros organizados en el ciclo *Atendiendo la Emergencia* (2020), organizado por la Comisión Científica de Fepal, que tuvieron una altísima audiencia, lo que daba cuenta de la necesidad de pensar junto con otros, compartir experiencias, inquietudes y hasta temores en un momento de peligro y zozobra que violentó nuestra cotidianeidad.

Era la primera vez en la historia de nuestra federación que cientos de nosotros, miembros y analistas en formación podíamos encontrarnos simultáneamente en el territorio sin geografía y sin fronteras en las que se trastocan el espacio y el tiempo. El territorio *virtual.* Nombre que ha resultado polémico en tanto no da cuenta de la profundidad de una experiencia real y cercana que no suscribe completamente a las diversas nominaciones: "remoto" "A distancia" ciberespacial.

Ahora estamos habituados a ello, pero el uso de plataformas digitales que permiten reunirnos virtualmente a tantas personas al mismo tiempo era novedoso en 2020, y desde el primer momento se convirtió en un recurso invaluable para acercarnos, escucharnos, apoyarnos, y generar la sensación de colectividad en un momento en el que el asilamiento físico, se había impuesto.

Así, el encuentro "remoto" y el diálogo detonado en torno a este primer ciclo de trabajo colectivo e interinstitucional en el marco de la Fepal fue realmente importante en la posibilidad de sostenernos en un momento de mucho temor, dolor y incertidumbre, y de sostener la confianza necesaria para seguir trabajando también en la transmisión del psicoanálisis en circunstancias en las que el giro vertiginoso al campo de la virtualidad, inauguró para muchos una experiencia que antes parecía insólita. El análisis a distancia en el campo de la formación psicoanalítica había estado mayoritariamente al margen de la práctica en los institutos o se había usado en situaciones excepcionales.

Inicio de la travesía

Justo en esos momentos de crisis y cambio abrupto, la gestión de la *Comisión de Formación y Transmisión del Psicoanálisis de la Fepal* (2020-2024) inició sus actividades.

El trabajo llevado a cabo desde entonces nos ha dado la oportunidad de tener un panorama amplio de los acontecimientos que se han desarrollado en los institutos de Latinoamérica desde el inicio mismo del impacto de la pandemia, pasando por la crisis que la acompañó, hasta la transformadora experiencia que cambió nuestra forma de trabajar con las incertidumbres asociadas al paso al trabajo a distancia en la formación psicoanalítica. Asimismo, hemos sido testigos del descubrimiento de nuevas posibilidades que surgieron durante este recorrido, en el cual el diálogo interinstitucional ha desempeñado un papel fundamental a lo largo de este período, abriendo nuevos horizontes ante nosotros.

Como punto de partida para abordar el impacto e incertidumbre ante el cambio tan fuerte que estábamos viviendo en los institutos, organizamos el Primer Congreso Didáctico virtual bajo el título *Cartografías en la transmisión en psicoanálisis: fronteras y horizontes.* Este evento tuvo lugar seis meses después de haber transitado hacia un trabajo completamente en el territorio virtual. Las sedes de las sociedades psicoanalíticas estaban cerradas.

El eje central de este congreso fue explorar la transmisión del psicoanálisis en el contexto de las circunstancias que estábamos atravesando. En toda Latinoamérica una generación estaba cursando la formación psicoanalítica de manera remota. Nos encontrábamos trabajando, incluso con analizandos a quienes no habíamos conocido presencialmente, y para muchos analistas en formación la práctica clínica comenzaba de modo absolutamente inesperado.

Quedan innumerables testimonios de supervisión que constituyen verdaderos tesoros de investigación al ofrecer una visión detallada de cómo se experimentó la transición abrupta hacia formatos de encuadre mediatizados por recursos tecnológicos. Los relatos de supervisión también destacan como se mantuvieron, o no, las invariantes del método analítico y las dificultades en ello. En esto ha sido palpable que lo que se pone en juego no es solo el tipo de dispositivo, sino la adecuación del analista y el analizando, con sus particularidades, en lo que respecta al trabajo analítico en este formato.

El Congreso Didáctico del 2020 puso en acto las transformaciones dadas y las posibilidades que empezábamos a explorar usando la tecnología para encontrarnos en actividades científicas. ¿Y las posibilidades que empezamos a transitar en los ejes del trípode?

Por otro lado, la situación de pandemia había puesto de manifiesto, de manera dramática, – la incidencia de lo que acontece en la comunidad y los efectos de la cultura en el campo de la clínica psicoanalítica. Esto ha sido evidente desde hace décadas, pero en ese momento fue contundente. Además de las consideraciones clínicas sobre el impacto de proseguir o iniciar análisis mediados por dispositivos tecnológicos, en muchas sociedades de Latinoamérica ya se habían abierto líneas de emergencia para atender el sufrimiento de la población. El trabajo remoto lo hizo posible, y fue una experiencia muy importante tanto para quienes recibieron la ayuda como para quienes pudieron darla en formatos poco usuales en ese momento.

Las comunicaciones y vínculos mediados por plataformas digitales, en las que millones de personas navegan en todo tipo de redes cibernéticas, desde hace años son parte de la cotidianidad en el mundo contemporáneo. ¿Podíamos seguir al margen de ello en las consideraciones sobre la formación psicoanalítica en el contexto actual? La situación de pandemia nos empujó vertiginosamente a una situación que poco a poco había estado entrando en nuestro campo, – el trabajo "a distancia", con las necesarias consideraciones metapsicológicas en torno a un campo clínico en el que se posibilita una forma de presencia insólita el siglo pasado. ¿Cómo evoluciona el psicoanálisis, o mejor dicho, como evolucionamos los psicoanalistas ante las transformaciones epocales que nos interpelan?

Lo que concierne a la clínica psicoanalítica y su relación con la cultura y la comunidad, fue, y continuó siendo, un eje imprescindible en los diálogos y debates en torno a la transmisión del psicoanálisis.

En este caso concreto de situación de pandemia mundial, la comunidad, en tanto población en general, estaba afectada. En esas circunstancias, quienes hacemos parte de la comunidad de analistas estábamos lidiando con una forma de trabajo que para muchos resultaba novedosa o incluso resistida, y al mismo tiempo haciendo frente a situaciones de crisis. Las propias y las de la población mundial afectada por los innumerables duelos, muertes, temor e incertidumbre.

Esas eran las circunstancias cuando se llevó a cabo este Congreso Didáctico que tuvo lugar en el marco del Congreso de la Fepal 2020, *FRONTERAS*. El primero en nuestra historia en llevarse a cabo de modo no presencial.

El Congreso Fepal estaba totalmente organizado para celebrarse en Montevideo, y por la situación de pandemia se postergó la fecha un par de veces con la esperanza de que finalmente pudiera llevarse a cabo. Enfrentar que no iba a ser posible fue sumamente doloroso. La esperanza de que la pandemia pasaría al cabo de unos meses se convertía en la noticia de que el confinamiento requerido por la emergencia sanitaria se extendería por tiempo indefinido, lo cual resultaba muy alarmante. El clima de ese tiempo no puede quedar al margen de lo que estaba aconteciendo en nuestras vidas, en nuestros institutos con sedes cerradas, en nuestra federación, y en el vacío de nuestros consultorios, en los que el encuentro presencial implicaba peligro.

En ese escenario – que resulta importante recordar –, el hecho de que el Congreso de la Fepal no se cancelara, y pese a todo pudiera llevarse a cabo de modo "virtual", contribuyó a sostener la confianza en la continuidad de nuestro quehacer, aun en una situación mundial de crisis.

El Congreso se organizó bordeando el riesgo que representaba en ese momento un punto de ruptura con lo establecido. La tradición y la invención se conjugaron al ritmo de la virada del 2020. En ese momento resultaba una osadía aventurar un congreso psicoanalítico *on-line*. El primero en la historia de Latinoamérica.

Con el título que originalmente se había elegido muchos meses atrás, sin imaginar lo que iba a acontecer, *Fronteras* se resignificó, incluyendo ahora la dimensión de una geografía virtual que, trastocando las fronteras geográficas, posibilitó que de ese modo pudiéramos reunirnos, congregarnos, a tratar temas que también bordeaban en ese momento las fronteras temáticas usuales en nuestro campo del psicoanálisis. No estábamos detenidos girando solamente en torno de la pandemia y la virtualidad, sino que, sin dejarlos de lado, el trabajo científico del congreso incluyó ejes temáticos que tradicionalmente habían estado en las fronteras de las actividades científicas habituales. Racismo, sexualidades migrantes, políticas públicas, y perspectivas de otras disciplinas en diálogo con el psicoanálisis abrieron un amplio abanico temático que hacen parte de los debates contemporáneos en los que la practica actual, y el trabajo remoto en ella, dieron lugar a un Congreso que literalmente se bordeaban y redefinían muchas fronteras.

Además de poder dar continuidad a las actividades científicas, y la importancia que tuvo la cercanía emocional que trascendía por mucho la distancia geográfica, estas actividades federativas con la novedad de las plataformas *Zoom*, inauguraban experiencias nuevas en lo que Stefano Bolognini sumó al trípode de la formación psicoanalítica planteando un modelo cuatripartito en el cual, además del análisis, supervisión y seminarios, que constituyen el trípode fundamental en la formación psicoanalítica, él añade el intercambio científico y la vida institucional como función constitutiva permanente de la identidad psicoanalítica. ¿Qué efectos tiene en la transmisión del psicoanálisis la posibilidad que desde entonces se abrió para participar en actividades científicas tanto de la Fepal como de distintas sociedades que empezaron a convocar abiertamente a colegas y analistas en formación de todos lados? No está de más decir que muchas de estas actividades han sido gratuitas.

Es clara la importancia de los vínculos en la propia institución. Pero la participación en reuniones y actividades científicas, más allá de las fronteras de las sociedades de pertenencia, se volvió una posibilidad para muchos colegas quienes, al no poder costear viajes a congresos o actividades de otras sociedades, no habían podido ser partícipes de la riqueza que otorga la amplitud de perspectivas a la que conllevan las actividades interinstitucionales que empezaron a multiplicarse.

Podemos afirmar ahora que esto ha fortalecido al movimiento psicoanalítico en nuestra región. Mejor dicho, lo ha impulsado al fragor de tiempos nuevos.

Vale la pena recordar aquí algunas palabras de Ricardo Carlino (2010), uno de los primeros autores latinoamericanos sobre clínica psicoanalítica por medios remotos:

> *Un siglo después de los escritos técnicos de Freud, es necesario reformular algunos puntos a la luz de las circunstancias actuales, abarcando conceptualmente esas transformaciones. Pero, sobre todo, es importante pensar en lo que va siendo necesario actualizar en la transmisión del psicoanálisis en un mundo que cambia. No solamente en aspectos "técnicos", sino constitutivos y constituyentes de la subjetividad de estos tiempos. (p. 27)*

Esto ha sido imprescindible como eje de las actividades que, como comisión, hemos organizado durante esta travesía en la que ha sido absolutamente necesaria la constante reflexión que, partiendo de la clínica psicoanalítica en el siglo XXI, hace necesario ahondar su especificidad, dando lugar a "nuevos caminos para la terapia psicoanalítica" a la luz de las mutaciones civilizatorias que en muchos sentidos, no solo en cuestiones tecnológicas, hacen parte de la subjetividad de nuestros tiempos.

Muchos autores lo han planteado de modo contundente y mucho antes de la pandemia que nos confrontó en muchos sentidos. Entre ellos, Marcio di Freitas Giovanneti quien en 2005 escribió:

> *[...] Los pacientes que teníamos a fines del siglo pasado llegaban a análisis con la idea de un tiempo y un lugar de permanencia, por eso no les parecía extraño que nosotros, analistas, les exigiéramos una determinada frecuencia semanal de sesiones ya que tenían, internamente, el concepto de permanencia. Los pacientes que hoy aparecen, debido a vivir en un mundo en que no hay más fronteras y en que la idea o concepto de permanencia están sustituidos por el de velocidad y aceleración del tiempo, no pueden ser presentados al encuadre clásico de análisis, bajo peligro de que no se constituya ningún análisis.*

- ¿Podemos desoír esto que ya era evidente años atrás?
- ¿Qué lugar tienen estos cambios en la formación de psicoanalistas?
- ¿Qué reformulaciones es necesario hacer para sostener la vigencia del psicoanálisis en un mundo que cambia?

La pandemia aceleró transformaciones que se venían anunciando desde tiempo atrás al considerar la clínica, problemáticas y desafíos en nuestros días. Clínica que no queda de lado al pensar en el análisis de los analistas en formación, y los casos que estos conducen. Clínica que no siempre se apega al modelo tradicional, de la neurosis, y tampoco al modelo tradicional de los formatos del encuentro presencial. ¿Acaso no resultó formativo el trabajo en las circunstancias transitadas estos años? ¿Qué profundizaciones han derivado de la experiencia por todos transitada?

Por otro lado, tal como recordamos en la convocatoria a la primera reunión *virtual* de Directores de Institutos de la Fepal que se llevó a cabo en 2021, Freud había escrito en 1919 que había que adaptar el psicoanálisis a las nuevas condiciones. ¿No son los cambios epocales condiciones a los que debemos adecuarnos, con desarrollos teóricos que parten de la clínica, ampliaciones a la técnica y planteamientos metapsicológicos? ¿No es esto a lo que nos convoca la travesía de este tiempo? ¿No es fundamental sustentar en esto las regulaciones respecto a la práctica con dispositivos tecnológicos?

En ese mismo artículo Freud se refería también al modo de que el psicoanálisis fuera accesible a la población, y no solo a una élite.

> *Nuestras condiciones de existencia limitan nuestra acción a las clases pudientes de la sociedad, las cuales suelen elegir por si mismas sus médicos. Siendo apartadas del psicoanálisis, en esta elección, por una serie de prejuicios. De este modo, nada nos es posible hacer aún por las clases populares, que tan duramente sufren bajo las neurosis. Supongamos ahora que una organización cualquiera nos permita aumentar de tal modo nuestro número que seamos ya bastantes para tratar grandes masas de enfermos. Por otro lado es también de prever que alguna vez habrá de despertar la consciencia de la sociedad y advertir a esta que los pobres tienen tanto derecho al auxilio del psicoterapeuta como del cirujano, y que las neurosis amenazan tan gravemente la salud del pueblo [...]*
>
> *[...] Pero cuales quiera que sean la estructura y composición de esta psicoterapia para el pueblo, sus elementos más importantes y eficaces continuarán siendo, desde luego,*

> *tomados del psicoanálisis propiamente dicho, riguroso y libre de toda tendencia (p. 2461-2462).*

En este sentido, en lo que respecta al trabajo sobre la transmisión del psicoanálisis en el contexto latinoamericano, es importante tomar en cuenta que la posibilidad del trabajo remoto ha hecho accesible el psicoanálisis – pero incluso la formación psicoanalítica –, para quienes no había sido posible, dada la dificultad de solventar los viajes en los casos de quienes se enfrentaban con la falta de institutos en la ciudad.

Algunos interesados habían empezado a encontrar posibilidades, mediante el Instituto Latinoamericano de Psicoanálisis (ILAP), el cual, al trabajar sin contar con un lugar físico como sede, y contando entre sus analistas, supervisores y docentes colegas de distintos países, ha constituido la punta de lanza de experiencias de formación distintas a las tradicionales. Experiencias que en los diversos diálogos entre colegas de distintas filiaciones han sido sumamente enriquecedoras en cuanto a conocer el modo de trabajo de un instituto con particularidades tan distintas al resto de los institutos latinoamericanos. Sobre todo en un momentos en el que la incertidumbre imperaba al haber salido todos de las experiencias usuales y con las sedes cerradas.

Todo esto se fue dando en un tiempo en el que, transitando la crisis, al mismo tiempo se ampliaron los horizontes de nuestra práctica, volviéndose más accesible en un momento de gran necesidad.

¿Y en qué medida toda la experiencia transcurrida se integra a la formación psicoanalítica más allá de la situación de pandemia?

"*Somos una generación forjada a altas temperaturas*"

Varios aspectos que se sustentan en la clínica, y también en los distintos contextos en los que se insertan los institutos, fueron abordados en el Ciclo de Mesas de Diálogo que organizamos pocos meses después del Congreso Didáctico 2020, y un año después del obligado confinamiento por pandemia. Las llamamos Mesas *Cuatro por cuatro* porque en cada una participaron cuatro analistas y cuatro analistas en formación, todos de distintas filiaciones, distintos países y distintas generaciones.

La idea era abrir diálogos en pequeños grupos interinstitucionales y intergeneracionales que posibilitaran un panorama amplio con relación al modo en que se estaba transitando la formación psicoanalítica del trabajo a distancia en los diversos institutos de la Fepal. Había transcurrido un año desde el inicio de la pandemia y con ello el paso al trabajo remoto en la formación psicoanalítica. En ese momento el impacto inicial había ido dando paso a una cotidianidad totalmente inédita.

En estas mesas de diálogo participaron directores del Instituto y analistas en formación de casi todas las sociedades de la Fepal, incluyendo el Instituto Latinoamericano de Psicoanálisis, y al tratarse de grupos pequeños, todos podían tomar la palabra en un intercambio cálido y emotivo que posibilitó contar con una especie de cartografía sobre lo que estaba aconteciendo en distintos puntos de Latinoamérica, el modo en el que se transitó la crisis en el primer momento, y la vivencia transcurrida con el cambio en la modalidad del trípode después de más de un año de trabajo totalmente a distancia.

Sobre el impacto de la pandemia, los testimonios daban cuenta de situaciones muy dramáticas y desestabilizantes dentro de muchos institutos. Fue terrible para quienes en nuestro contexto perdieron colegas, analistas, compañeros que fallecieron por situaciones ligadas al Covid-19. O analistas que continuaron trabajando aun con el dolor de las pérdidas de familiares y amigos. La muerte azotó violentamente, acrecentando la sensación de vulnerabilidad y desamparo que afectó a muchos entre nosotros. Hubo muchísimas personas que atravesaron angustiantes procesos de enfermedad, propios o de familiares, amigos o colegas de la sociedad. Sin embargo, fuimos enterándonos que aun con las turbulencias de la crisis, todos los institutos fueron adecuándose en cuestión de semanas a los cambios a los que la situación de pandemia empujaba. Algunos tuvieron que parar, pero no por mucho tiempo. Y la posibilidad de proseguir con los análisis en estas circunstancias fue, según muchos testimonios, un sostén imprescindible.

Es importante resaltar que casi todos los participantes de estas mesas de diálogo expresaron el alivio de poder hablar y compartir estas experiencias en esos pequeños grupos, y el valor del intercambio intergeneracional para poder tener diversas perspectivas, saber cómo estaban viviendo y resolviendo las cosas en otros lugares, y lo que estaba aconteciendo al interior de las distintas instituciones psicoanalíticas. Fue una verdadera polifonía que hizo evidente la riqueza de los diálogos interinstitucionales que empezaban a multiplicarse, posibilitando cercanías y encuentros en actividades científicas que constituyeron ventanas importantes y formas de lazo social imprescindibles en un proceso de cambios y transformaciones.

En la espontaneidad de estos encuentros, fueron surgiendo diversas situaciones críticas de distinto orden que, pensadas desde los procesos de formación psicoanalítica, no pueden quedar al margen de la reflexión. La violencia en muchas ciudades de Latinoamérica, la fuerte emigración que desplazó a gran número de personas, incluso muchos psicoanalistas en algunos países, los efectos de las dictaduras en el ejercicio de nuestra profesión, los estallidos sociales en diversas ciudades, el racismo como punta del *iceberg* de una organización estructural con sus raíces en la colonización que marca la historia de nuestras raíces, las desigualdades de todo tipo, las marginaciones. Y muchos otros temas que fueron pensados a partir de experiencias concretas y cuestionando el lugar que todo esto tiene dentro de los institutos.

La frase "Somos una generación forjada a altas temperaturas" fue pronunciada por una joven analista en formación refiriéndose a un estallido social que en esos días se dio en la ciudad en la que vive, y quien, como muchas personas en ese momento, estaba sufriendo por los efectos de esto. "Es importante que podamos hablar de estas cosas dentro de nuestros institutos" fue lo que dijo; lo que dijeron muchos al hablar de problemáticas que, aun circunscritas a contextos y épocas diferentes, resonaban con circunstancias de lo propio.

Así, una reflexión constante ha sido acerca del lugar que tiene, dentro de los institutos, lo que ocurre en la comunidad. ¿Podemos cerrar las puertas a eso? ¿Qué lugar tiene en nuestros espacios de formación lo que concierne a la perspectiva psicoanalítica fuera de los consultorios? ¿Qué podemos aportar? ¿Qué aporta ese trabajo a nuestra práctica, o incluso a nuestra formación?

Hemos resaltado desde entonces lo que llamamos trípode *clínica, cultura y comunidad* con la idea de la interrelación de los contextos en los que se inscriben los malestares individuales y colectivos que marcan las problemáticas clínicas que atendemos día a día y que en estos diálogos pudimos testimoniar contrastes desde diversas perspectivas.

Ha sido muy claro que la experiencia con el trabajo a "distancia" para algunos colegas era totalmente nuevo, pero hubo sociedades en las que, debido a la alta migración por cuestiones políticas, el trabajo *on-line* era practicado desde hacía casi 20 años. Evidentemente esto abre perspectivas distintas acerca de la eficacia del trabajo *on-line* con relación a quienes no tenían ninguna experiencia previa. Pero subraya también la relevancia de los contextos de los distintos países, o comunidades, que derivan en experiencias clínicas distintas y que, con relación al trabajo remoto en la formación psicoanalítica, es necesario tener en cuenta.

Consideraciones sobre el trípode de la formación psicoanalítica

Después del ciclo de mesas de diálogo *Cuatro por cuatro*, mediante el cual pudimos tener una idea general de la situación que se estaba viviendo en los distintos institutos que hacen parte de la Fepal, y también sobre experiencias generales en el trípode con el trabajo a distancia, organizamos un espacio para profundizar en cada uno de los ejes: análisis, supervisiones y seminarios a la luz de la experiencia que estábamos transitando.

Cada uno de estos temas requiere un capítulo aparte para trazar los puntos centrales de los importantes debates y controversias que se dieron. Controversias que tuvieron su punto más álgido en lo que respecta al análisis didáctico.

Por lo pronto es importante comentar que el XXI Encuentro de Institutos estuvo centrado en un fecundo intercambio de ideas en torno al trípode de la formación psicoanalítica y abrimos también espacio para lo que concierne al trabajo y la formación en el campo de niñez y adolescencia. Algunos de los institutos tienen la formación integrada, o programas y materias enfocadas a este campo. ¿Cómo se estaba viviendo la experiencia del trabajo "remoto" con niñez y adolescencia? ¿Qué dificultades surgían en el campo de supervisión cuando los supervisores no tenían experiencia previa en atención a distancia en un formato en el que el juego se mantuvo privilegiado? ¿Cómo se estaba dando? El trabajo analítico en el terreno virtual era inconcebible con niños hasta hace muy poco. De hecho, en el informe del XX Encuentro de Institutos que se llevó a cabo en Puerto Alegre en 2019, organizado por la Comisión de Formación que precede a la actual, quedó escrito: "Todos coincidieron en que trabajar con niños es más exigente y no se les ocurre un servicio virtual".

Y sin embargo, un año después recogimos varios testimonios acerca de la experiencia con niños y con adolescentes trabajando en un formato que parecía insólito.

Para ampliar la perspectiva, invitamos a colegas que en ese momento hacían parte de la Comisión de Niñez y Adolescencia de la Fepal, considerando que su experiencia, a partir del intenso trabajo que estaban llevando a cabo, sería el mejor punto de partida para el diálogo en torno al trabajo a distancia con niños y adolescentes, y la incidencia de esta experiencia en los programas de formación.

Lo mismo hicimos para el eje de Comunidad y Cultura, invitando a quienes hacían parte de esa comisión durante el período de cambios que estábamos atravesando. Invitamos también colegas que participaron en representación del grupo de estudios de psicoanalistas en la comunidad, y que desde hace tiempo han trabajado interinstitucionalmente desde distintos países de Latinoamérica en lo que concierne al trabajo analítico en la comunidad y lo que este trabajo aporta a la formación psicoanalítica.

El título de este XXII Encuentro de Institutos fue "Transformaciones: transmisión y formación psicoanalítica en movimiento. Perspectivas latinoamericanas".

¿La formación se transforma? Seguimos sosteniendo los modelos de formación aceptados por la Asociación Psicoanalítica Internacional, pero es imprescindible considerar el modo en que los cambios epocales inciden en la transmisión de una generación a otra.

Pensar en el psicoanálisis en la escena contemporánea lleva a pensar en el psicoanálisis del siglo XXI, con el impacto de las transformaciones socioculturales, los cambios de paradigmas, las nuevas configuraciones familiares, las subjetividades que abren el abanico en relación con las polaridades masculina o femenina y los caminos desiderativos en un tiempo vertiginoso que va impulsando a mutaciones civilizatorias.

Tras un siglo de transmisión del psicoanálisis de diván en diván, de pronto nos encontramos en estos años de Zoom, Skype, teléfono, videollamadas y escenarios inéditos… y seguimos la travesía.

Ese fue el primer Encuentro de Institutos virtual. Y también fue el primer Encuentro de Institutos organizado en colaboración con la Organización de candidatos de América Latina (OCAL). Esto es un punto importante porque implica un cambio también con respecto al lugar de los analistas en formación en algunas actividades científicas.

Ya se había dado que en Encuentros de Institutos anteriores los analistas en formación estuvieran invitados, e incluso que participara algún representante en la mesa de apertura y que se integraran a las discusiones de las jornadas de trabajo. Pero en esta ocasión fueron partícipes desde la organización.

Desde la Comisión de Formación la idea base fue: es de fundamental importancia que los analistas en formación tengan sus propios espacios organizados desde OCAL con la riqueza del trabajo que sale de esas actividades. Pero al mismo tiempo, es necesario que exista una instancia "puente" para establecer un diálogo institucional que pueda sumar las diversas perspectivas en torno a temas que muchas veces se trabajan en paralelo, por lo que tener puntos de cruce, también en lo intergeneracional, es de gran importancia sobre cuestiones que conciernen a todos. De ahí la idea de que el Encuentro de Institutos se organizara de esta manera.

De una generación a otra a lo largo de más de un siglo

En este XXI Encuentro de Institutos enfocamos también lo que concierne a ese paso generacional.

"Pasar la antorcha en un mundo que cambia" es el título que tuvo este importante diálogo que se llevó a cabo en el marco de este encuentro entre la vicepresidente de la Asociación Psicoanalítica Internacional, Adriana Prengler, y Gabriel Rivera, secretario científico de OCAL, y integrante de la Comisión de Formación y Transmisión del Psicoanálisis en la Fepal.

El hecho de que Gabriel Rivera se hubiera integrado a la Comisión de Formación y Transmisión del Psicoanálisis de la Fepal puso en acto el interés por resaltar el hecho de que la reflexión en torno a la transmisión del psicoanálisis no puede quedar al margen de la perspectiva de los analistas en formación.

Y fue importante también trabajar a favor de un diálogo horizontal que contrasta con los efectos de infantilización que no pocas veces han hecho parte de los efectos de entramados institucionales en el proceso de transmisión. Contamos con múltiples testimonios sobre esto, incluso de colegas que ahora tienen reconocimiento internacional, quienes narran con dolor situaciones en las que durante su formación padecieron esto.

Así que ha sido muy importante la manera como cada vez va dándose mayor lugar en la participación de los analistas en formación en temas concernientes a su proceso formativo.

Al menos en Latinoamérica.

Los analistas en formación van iniciando su experiencia en el campo analítico, pero muchos tienen importantes trayectos, prácticas profesionales, otras formaciones, o simplemente perspectivas sobre los pasos que dan.

"No somos solamente pensadores del futuro, somos también pensadores en presente".

Esto, que había sido expresado por una analista en formación en la apertura del Congreso Didáctico 2020, ha quedado demostrado desde hace mucho con el importante trabajo que lleva a cabo la organización de candidatos de Latinoamérica y con la riqueza de diálogos intergeneracionales que se han ido dando en el curso de este tiempo.

Consideramos que este es un cambio institucional fuerte, que hemos tratado de impulsar también desde nuestra gestión como Comisión de Formación y Transmisión del Psicoanálisis de la Fepal con el deseo de que en las próximas gestiones siempre podamos conta con la presencia de un representante de los analistas en formación, designado por OCAL.

Entre la perplejidad y el asombro, el movimiento psicoanalítico sigue adelante

Pocos meses después de este XXI Encuentro de Institutos, organizamos la Primera Reunión de Directores de Institutos de la Fepal, y en la que por supuesto participó también el Instituto Latinoamericano de Psicoanálisis (ILAP). Dado que la reunión se llevó a cabo por plataforma Zoom, esto posibilitó que casi todos estuvieran presentes. Habían transcurrido dos años de estar trabajando en el trípode de la formación de modo remoto y de que las sedes de los institutos seguían cerradas.

La reunión de directores de Instituto fue un espacio muy rico en el que se pudieron intercambiar experiencias, inquietudes, ideas y perspectivas sobre la formación psicoanalítica dadas las circunstancias que se estaban desarrollando, y también con vistas a lo porvenir.

¿Qué impacto estaba teniendo en la generación que estaba cursando la formación en estas circunstancias? Tras dos años de estar trabajando así, ¿qué posiciones se habían tomado dentro de los institutos?

Había mucho para hablar a partir de la experiencia dentro de los institutos, y mucha inquietud de saber cómo estaba transitándose esta en otros lugares. Pero, sobre todo, había mucha inquietud hacia el porvenir.

Lo que quedaba claro entonces es que no se puede circunscribir el asunto a presencial o no presencial sin considerar múltiples factores. A los distintos encuadres se sumaron una multiplicidad de variables que se abrieron al perder el común denominador del trabajo dentro de consultorio. Los dispositivos más comunes han sido teléfono, Skype, Zoom, videollamada, con o sin pantalla, o incluso el analizando recostado en un sofá, o diván, o bien, en las muy diversas locaciones que en cada caso fueron acordadas según las circunstancias de la dupla analítica. Es importante resaltar el hecho de que un mismo analista ha podido tener en su práctica distintos dispositivos de acuerdo a cada caso. Importante para pensar en lo singular que se pierde bajo la denominación generalizada "a distancia" y, sobre todo, resaltar que en general cada dupla de analista y analizando siguió trabajando del modo acordado en cada caso, al margen de lineamientos institucionales.

Las distintas modalidades de trabajo abrieron consideraciones clínicas en torno al cuerpo, pero también a lo que concierne al campo perceptual: la mirada o la ausencia de esta si se usa teléfono o pantalla apagada, y otras múltiples variantes que se sumaron al tener que determinar lo que en tan diversas circunstancias posibilitó, o no, la continuidad del análisis. Y también en qué casos y por qué razones se optaba por una modalidad u otra, también de acuerdo con el caso clínico.

Se planteó la relevancia de la variación en relación con quienes iban iniciando análisis, o los que ya tenían tiempo analizándose cuando tuvieron que pasar al análisis a distancia.

Fue de opinión generalizada, que, cuando ha sido posible sostener los análisis *on-line*, es necesario investigar las consecuencias que se abren en un campo clínico que todavía requiere mucho estudio, y especialmente su impacto en la transmisión del psicoanálisis. Tenemos un par de décadas de experiencia con la clínica psicoanalítica *on-line*, en contraste con cien años de trabajo presencial.

Hubo opiniones de algunos directores del Instituto en las que incluso se sugirió que aún finalizadas las restricciones de pandemia los analistas en formación se beneficiarían de tener la experiencia hibrida, es decir, combinación de análisis presencial con análisis remoto. El análisis por medios virtuales también permite vivir la experiencia que dará herramientas para el trabajo frente una clínica que con los cambios culturales impone la virtualidad cada vez más.

Para muchos colegas, y incluso analistas en formación, su práctica clínica se internacionalizó. ¿Qué consideraciones necesitamos hacer en los programas de formación con relación a una realidad que se impone en el contexto de cambios epocales?

Travesías en la formación psicoanalítica

Perspectivas latinoamericanas

No hay duda de que en esta travesía iniciada en 2020 nos hemos visto confrontados en muchos aspectos en un período que quedó reflejado en el título del Congreso de la Fepal 2022: *Transitoriedades y incertidumbre,* en las que vamos vislumbrando – o mejor dicho, construyendo – el porvenir.

El nombre del Congreso Didáctico que se llevó a cabo en el marco de ese congreso fue: *Travesías en la formación psicoanalítica: perspectivas latinoamericanas.*

Seguíamos trabajando todos en el campo virtual, dado que todavía la pandemia, pese a las vacunas, no lograba controlarse lo suficiente para hacer seguros los encuentros presenciales.

¿Qué hemos "aprendido" en el curso de esta experiencia? ¿Qué puede decir cada uno de nosotros acerca de la práctica a distancia después de haberlo vivido durante tanto tiempo?

Entonces era muy claro que puede ser bastante empobrecedora la comparación entre presencial o no presencial sin tomar en cuenta que son experiencias distintas. Mas enfocar, o tratar de empatar las similitudes o contrastar diferencias, se requiere seguir trabajando en la comprensión de una dimensión en la que es imprescindible profundizar nuestros conceptos metapsicológicos y técnicos, de los cuales contrarresta el riesgo de acomodar un tipo de encuadre dentro de otro. Por esa vía va el trabajo que parte de la clínica psicoanalítica y las contingencias de ese proceso en encuadres no presenciales.

En ese espíritu, las inquietudes en torno a la formación psicoanalítica siguieron en el entrecruzamiento entre la clínica y la política institucional. ¿Cómo seguir? ¿Qué posiciones habían dentro de los institutos? ¿Qué consideraciones políticas definirán los lineamientos institucionales a seguir?

Había gran inquietud sobre las recomendaciones que finalmente hiciera la Asociación Psicoanalítica Internacional con respecto al modo de continuar usando los recursos tecnológicos en la formación, una vez que se declarara el fin de la pandemia. Pero acaso ¿solo el contexto pandemia es relevante? ¿Pueden desconocerse otras necesidades de contexto en las que el trabajo a distancia es una herramienta invaluable? Sobre todo, ¿cómo seguir adentrándonos en la dimensión y alcances del trabajo mediatizado por recursos tecnológicos si esa experiencia llegara a quedar fuera del campo de la institución? Lo último sabemos que es ya imposible. No puede quedar fuera. El punto es ¿cómo queda?

En el Congreso Didáctico 2022 trabajamos sobre *Consideraciones sobre el porvenir del psicoanálisis y su transmisión: perspectivas latinoamericanas.*

Y decimos también que a lo largo de nuestro trabajo como comisión planteamos en la vinculación entre la clínica, cultura y comunidad en la transmisión del psicoanálisis.

Sobre este último organizamos un importante panel sobre "Escenarios sociopolíticos en el campo de la transmisión del psicoanálisis".

El título, que generó mucho interés, posibilitó resaltar la relevancia de los escenarios sociopolíticos en diversas dimensiones de nuestra práctica, y por lo tanto en su transmisión, dando un panorama general del contexto latinoamericano, sus problemáticas y también sobre movimientos institucionales frente a estas.

En este contexto es de fundamental relevancia lo que concierne al tema del racismo. Visualizar las múltiples dimensiones del racismo estructural abre necesarias vías de trabajo, concientización y acciones reparatorias en un tema que nos concierne a todos.

Son consideraciones importantes al pensar en la transmisión del psicoanálisis y la formación de las generaciones de analistas en los programas actuales. ¿Qué reformulaciones podrían ser necesarias para enfrentar las enormes urgencias a las cuales nos convocan los tiempos que corren? ¿Qué lugar tiene lo traumático colectivo en la subjetividad singular? ¿Cómo nos implicamos? ¿Qué lugar damos a los efectos de la colonización en lo que concierne al movimiento psicoanalítico en Latinoamérica?

Hemos podido constatar que también hay resistencia entre colegas que no consideran relevante la articulación de la clínica con la cultura y la comunidad. Enfocándose únicamente al estudio de la clínica de modo transversal, sin considerar el contexto como un factor que incide. A veces no solamente en las presentaciones sintomáticas de las patologías actuales, sino en las políticas que consignan lo patológico y sus márgenes de una época a otra, o de un contexto cultural a otro.

¿No inciden en estos movimientos los debates contemporáneos en el entrecruzamiento con las conceptualizaciones que requieren ser repensadas una y otra vez conforme se dan cambios en los contextos sociopolíticos y culturales?

El título del Congreso Didáctico de ese 2022 subrayaba *Perspectivas latinoamericanas.* La implicación del título es de altísima relevancia, dado que marcábamos la especificidad del contexto de nuestra región, y la relevancia del trabajo que se lleva a cabo entre nosotros. Con el trabajo a distancia se multiplicaron los intercambios, diálogos y debates que han posibilitado conocer particularidades de los distintos institutos, y los efectos que tienen los contextos en los que las sedes se ubican. Pero sobre todo, estimulándonos en un intercambio en el que muchos nos enfrentamos con planteamientos y problemáticas que, al venir de contextos distintos, han provocado aperturas para el nuevo hasta salir del propio contexto y conocer el de otros, en la diversidad tan grande que hay en Latinoamérica.

Sin duda, todo esto ha transformado y enriquecido el movimiento psicoanalítico del que somos parte, dado que la posibilidad de participar continuamente en actividades científicas, tanto de la federación como de las distintas sociedades, va en dirección de una pluralidad de perspectivas que se nutren del diálogo e intercambios.

Y la nave va...

En 2022, continuamos esta travesía ahora con la Directiva de la Fepal que inició su trabajo ese año, con Wania Cidade como presidente y Marina Massi como coordinadora científica de la Fepal.

En ese momento, muchos miembros de la Fepal ya nos conocíamos al encontrarnos una y otra vez, a lo largo de este tiempo por las pantallas Zoom. Una nueva familiaridad deriva de lazos que han sorteado las distancias de la geografía. Se han dado amistades, trabajo y vínculos de afecto en las ventanas virtuales que nos conectan de un modo que todavía, a fines del siglo XX, eran propias de la ciencia ficción.

El inicio de una nueva gestión de la Fepal coincidía con el período en el que el retorno a lo trabajo presencial ocurría de modo paulatino y hacía tiempo que las sociedades habían empezado a reabrir sus sedes. Las políticas sanitarias de cada país iban dando pautas distintas. En general, el retorno a los seminarios presenciales, análisis y supervisiones se daba de modo acorde a las posibilidades de cada quien. Ahora bien, ¿el retorno a lo presencial podía ser exigido? ¿En qué medida? Entra aquí el tema de la política institucional y los fundamentos para sostener lineamientos.

Aún más que exigencia, es importante contemplar el deseo. Aquí se ha jugado desde el inicio de los institutos psicoanalíticos lo que se entreteje entre el deseo y la obligatoriedad. Tema crucial y con vórtices que es necesario tocar en un capítulo aparte.

Por lo pronto, la situación era que en general estaba el deseo de regresar a presencial, pero algunos preferían no hacerlo debido a múltiplas circunstancias. Entre ellas, temores de quienes se encontraban en la franja de más altas posibilidades de contagios. Aún no se declaraba oficialmente el fin de la pandemia.

Como en todo, se juegan aspectos subjetivos y aspectos propios del contexto. Y en un momento, las preocupaciones eran acordes al riesgo que como población estuvimos viviendo.

El tema de vacunarse o no contra el Covid-19 había sido considerado algo que, por ética, debía dejarse a voluntad y respetarse. Como se comentó en reunión de directores de institutos, no podía imponerse. Bastaba con las políticas sanitarias de cada país. Esto implicó dejar al libre albedrío la decisión de la asistencia presencial o a distancia cuando el retorno a lo presencial comenzó a ser posible. Aunque poco a poco, con el control de la pandemia el regreso a las sedes se fue dando de modo paulatino alrededor de la segunda mitad del 2021, aun cuando prosiguió el trabajo combinado entre presencial y remoto.

Encuentros con las caras cubiertas

Por otra parte, no podemos olvidar que el retorno al trabajo presencial, durante mucho tiempo, solo fue posible con el uso de barbijos, cubrebocas, una medida de protección que al mismo tiempo resultaba un recordatorio del peligro que seguía acechando, y que esto no puede quedar al margen de lo que invadió los análisis, supervisiones y seminarios.

Encuentros con las caras cubiertas. Esto fue parte de la vida institucional, pero también de las situaciones clínicas en momentos en los que, aun en lo presencial, la sensación de peligro por los contagios acechaba.

Psicoanálisis en clave latinoamericana

Dadas las circunstancias de ese tiempo, y tomando en cuenta los horizontes que se abrieron con la experiencia transcurrida con el trabajo remoto, quedó clara la posibilidad de este recurso invaluable con respecto al cual ya contábamos con una infinidad de testimonios de experiencias clínicas y supervisiones que han dado cuenta de la práctica mediada por dispositivos tecnológicos. Considerando la importancia de sostener el uso del trabajo "remoto" en el campo de la formación psicoanalítica en el contexto de Latinoamérica, en enero de 2023 la comisión de Formación y Transmisión del Psicoanálisis, en acuerdo con la directiva de la Fepal, transmitió a la membresía un comunicado con nuestra posición:

> *En el caso de América Latina es necesario considerar las extraordinarias dimensiones territoriales de algunos países, sumadas a la desigualdad social que lleva a la concentración del ingreso en grandes centros urbanos, en general las capitales, con importantes consecuencias sobre el alcance o no, y en qué medida, de recursos educativos, culturales y de salud para la población.*
>
> *Las instituciones psicoanalíticas afiliadas a la API son parte de los bienes que, en general, permanecen inalcanzables para un gran número de personas, a veces sólo por las grandes distancias que las separan de los lugares en los que se ubican las sedes de las sociedades, por el privilegio dictado por el contexto económico.*
>
> *La difusión del psicoanálisis se impone incuestionablemente y, en este sentido, cumpliendo condiciones específicas y bien definidas, se hace imperativo aprovechar la experiencia del uso de los recursos que brindan las prácticas virtuales, y la modalidad híbrida, para facilitar el*

> *acceso a la formación psicoanalítica a personas que hasta ahora no habían podido acceder a ella.*

Este comunicado fue difundido en la Fepal, y transmitido al Comité de Educación de la API en el intento de contribuir a sostener la importancia de la especificidad de Latinoamérica en lo que concierne a las regulaciones sobre el trabajo a distancia en la formación psicoanalítica.

En 2023, tres años después de la irrupción de la pandemia, la reunión del Consejo de Presidentes finalmente volvió a ser presencial. Ese año el Congreso de la API también se llevó a cabo en Cartagena y en el cual se discutieron estos temas.

Todo el trabajo había seguido su curso, y poco a poco se habían estado reanudando las actividades presenciales. Ese momento en el campo de la clínica psicoanalítica estuvo lleno de experiencias iu-suales hasta entonces: analistas que por primera vez veían a algunos de sus analizandos *en persona*. Los testimonios de esos "primeros encuentros/reencuentros" fuera de pantalla son memorables. Y resultan además importantes testimonios para profundizar en situaciones clínicas en experiencias de tránsito entre pantalla y consultorio, y la combinación de ambas.

Es de gran importancia subrayar el interés de miembros y analistas en formación en ser partícipes de las políticas institucionales, y la relevancia que tiene como efecto de transmisión con la diferencia que se juega entre obedecer, o discutir, proponer, acordar o sostener el desacuerdo en busca de lineamientos que hagan sentido a las necesidades diversas de las distintas regiones. Incluso de los distintos institutos. ¿Se puede estandarizar? ¿O la pluralidad puede ser factor de enriquecimiento de todo el conjunto? ¿Hay garantías en un estándar? ¿Cuáles?

En mayo de 2023 la Organización Mundial de la Salud declaró oficialmente el fin de la pandemia. Unos días después tuvo lugar el debate abierto ¿"*Y ahora qué*? en el que se invitó a discutir sobre el trabajo remoto en la formación psicoanalítica en América Latina.

Este debate fue histórico dado el interés que generó, y que se evidenció en la altísima concurrencia que tuvo. Nos reunimos por Zoom 270 participantes: analistas, analistas en formación, dirigentes de sociedades psicoanalíticas de Latinoamérica, y directivos de la Fepal, ILAP, OCAL, ABC e IPSO. Estuvo presente también la vicepresidente de la API.

Por la importancia de los planteamientos que se fueron dando, y lo acalorado del debate, este tuvo que extenderse una hora más de lo previsto: de tres horas a casi cuatro.

En el curso de este debate se planteó la relevancia de lograr una propuesta de posicionamiento latinoamericano que diera lugar a las particularidades de los distintos institutos de nuestra región. Estos fueran representados tomando en cuenta las necesidades de los distintos contextos donde se insertan nuestros institutos, y haciendo espacio a las consideraciones socioculturales, históricas, geográficas, económicas y políticas con respecto a las que ha quedado claro que no pueden quedar al margen de las consideraciones en torno a la transmisión del psicoanálisis y una formación que dé lugar a la tradición y al mismo tiempo al modo en que dicha tradición se entrecruza con los horizontes de la época.

Diez días después del debate abierto se llevó a cabo la segunda reunión de Directores de Institutos de la Fepal, que nuevamente contó también con la participación de ILAP. Una vez más, el hecho de que se llevara a cabo por Zoom posibilitó la participación de casi la totalidad de directores.

En general había mucha inquietud en torno a las regulaciones que establecería la Asociación Psicoanalítica Internacional (API).

Todos sabíamos que un grupo del API, llamado *Psicoanálisis en tiempos contemporáneos,* estaba llevando a cabo una investigación que serviría de base a los miembros del *board* de las distintas regiones, en la decisión que se tomará al respecto.

Para nosotros, como para muchos latinoamericanos, ha sido imperativa la relevancia que se dé al trabajo llevado a cabo dentro de la Fepal, y que ese trabajo se tome en cuenta en las consideraciones que se determinen respecto a cómo seguir y que fue precisamente un tema importante en el debate abierto.

En estas consideraciones se juega nuestra triple filiación. Algunos colegas esperaban ver "que dice el API", pero resaltamos que todos somos API, y desde ahí nos pronunciamos. Somos miembros latinoamericanos dell API, miembros de la Fepal y miembros de nuestras sociedades de pertenencia. Esa triple filiación tiene muchas implicaciones. No solamente se trata de ser psicoanalista, sino lo que para cada quien representa ser psicoanalista de la Asociación Psicoanalítica Internacional, y el modo singular en el que nos inscribimos en esa filiación, o en cualquier otra de la que hacemos parte.

Nuestra triple pertenencia institucional

Nuestra triple identidad implica aquella de las instituciones en las que nos formamos y formamos a otros – nuestra sociedad de pertenencia–, de la *Federación Latinoamericana de Psicoanálisis* y de la *Asociación Psicoanalítica Internacional.* Ser parte da API, ser parte de la Fepal y ser parte de la sociedad de pertenencia se articulan en una identidad institucional en la que las diferencias complejizan la unidad, y de hecho pueden enriquecerla.

Polifonía de voces latinoamericanas

Después del debate dbierto, en la II Reunión de Directores de Institutos de Latinoamérica, trabajamos sobre perspectivas, posiciones y propuestas de acuerdo a la experiencia transcurrida en los diversos institutos cuando el trabajo presencial fue retomado.

Muchos institutos de Latinoamérica estuvieron debatiendo internamente con relación a los lineamientos a seguir. Sabíamos del importante trabajo que estuvo llevando a cabo el grupo de trabajo de la API en dos períodos. El primero, *Análisis Remoto en la Formación Psicoanalítica* (TFI) y el segundo *Psicoanálisis en Tiempos Contemporáneos* (TF2) y definitivamente en todos los institutos se comparte la preocupación de la API por sostener la cualidad de la formación psicoanalítica.

Durante tres años se confió a los analistas didactas, y a los institutos el discernimiento sobre el modo de trabajar el uso de dispositivos tecnológicos, y sobre todo las decisiones en torno a la dirección de la cura. ¿No es esta confianza elemento implícito en analistas que ejercen la función didáctica?

Sin embargo, en el entrecruzamiento de la clínica psicoanalítica con la política institucional, la cuestión de establecer algunos acuerdos mínimos ha sido parte de un proceso de investigaciones, diálogos y búsqueda de consensos internacionales sobre un tema que concierne a todos.

En ello, ha sido importante partir de la experiencia de nuestra región y dar lugar al trabajo de estos cuatro años dentro, y entre nuestros institutos. Trabajo del que han sido partícipes colegas y analistas en formación de toda Latinoamérica y que puede aportar mucho a las discusiones con otras regiones de la API.

Dado esto, y con el antecedente del debate abierto acontecido apenas 10 días antes de la II Reunión *on-line* de directores de Instituto, además de las otras actividades que como comisión hemos llevado a cabo, surgió la propuesta de un posicionamiento latinoamericano con respecto al trabajo remoto en la formación psicoanalítica.

En un primer momento la idea de un posicionamiento parecía imposible, dadas las diferencias tan importantes entre institutos. Pero la propuesta fue precisamente esa: un posicionamiento

Latinoamericano implica subrayar el respeto a las diferencias, por encima de cualquier idea de estandarización.

Tomando en cuenta el importante trabajo llevado a cabo por directores de instituto y comisiones de enseñanza de los institutos latinoamericanos, la propuesta del posicionamiento latinoamericano plantea un margen de autonomía para que dentro de cada instituto puedan establecerse los criterios para el uso del trabajo remoto en cada eje del trípode.

Resulta importante reconocer el enorme y difícil trabajo que se lleva a cabo en la Asociación Psicoanalítica Internacional para articular en algún punto las diferencias tan grandes entre institutos de todo el mundo en la posibilidad de establecer lineamientos, por mínimos que estos sean.

Controversia difícil de sortear

El grupo de la API *Psicoanálisis en Tiempos Contemporáneos* presentó su informe a la membresía dell API en el 18 de diciembre de 2023.

Después de un importante trabajo de investigación con institutos de todo el mundo, de discutir y buscar fundamentaciones, finalmente llegaron a la propuesta para los análisis didácticos, de un porcentaje de 25% como mínimo presencial en los casos que sea necesaria alguna combinación entre análisis presencial y teleanálisis.

Tras la difusión del informe de este grupo de trabajo de la API y también la invitación que se hizo a la membresía para discutirlo, fue claro que las discrepancias al respecto son enormes y apasionadas.

Ha sido palpable la preocupación generalizada de que no se pierda la dimensión de cualidad de los procesos analíticos, que no pueden garantizarse de modo cuantitativo, pero en la articulación de la clínica psicoanalítica con la política institucional las discrepancias hacen muy difícil el acuerdo.

Al hacer parte de una institución, los acuerdos son necesarios, por lo que es fundamental seguir trabajando para convenir el modo de adecuar las recomendaciones a las realidades y posibilidades de los institutos de Latinoamérica. Esto con la confianza de que en todos se trabaja por ofrecer las mejores condiciones para la formación psicoanalítica.

Las consideraciones sobre la *Autonomía, Democratización y Exogamia* que hacen parte de la propuesta de posicionamiento latinoamericano fueron discutidas en el XXII Encuentro Abierto de Institutos, que se llevó a cabo en 2023.

¿Qué implicaciones tienen estos aspectos en la transmisión del psicoanálisis?

Quedará más claro en otro capítulo.

Por lo pronto, es importante considerar que el porvenir del psicoanálisis y su transmisión, y también el porvenir de nuestras instituciones, lo estamos construyendo entre todos y todas, protagonistas de esta travesía que generación tras generación nos seguirá interpelando con las transformaciones epocales.

De nosotros depende contribuir a la vigencia o al anacronismo, permanentemente en tensión como todo lo que se mueve entre la tradición y el paso a lo nuevo.

Además de lo anteriormente mencionado, existen otras consideraciones fundamentales en el movimiento psicoanalítico en Latinoamérica en la actualidad. Desde la Comisión hemos abordado estos aspectos, teniendo en cuenta los efectos de la colonización que han dejado una huella profunda en diversos aspectos de la vida social y cultural de nuestra región. Una de las consecuencias mas graves es el racismo.

La colonización trajo consigo procesos de dominación, explotación y opresión que impactaron en la configuración de las estructuras sociales de los pueblos latinoamericanos. De ahí la importancia de reconocer el racismo estructural como una de las más graves situaciones que atentan los derechos humanos. La marginación y la situación que viven también diversos grupos étnicos son un factor relevante que no puede quedar de lado.

Desde ahí el hablar de un psicoanálisis *implicado.*

La intersección entre el psicoanálisis y los derechos humanos es un tema de suma complejidad que se está abordando, cada vez más, en actividades científicas. Todo eso hace parte de la especificidad del movimiento psicoanalítico en nuestra región. Contexto en el que suscribe la práctica clínica y el trabajo psicoanalítico en lo que concierne también a los malestares de la cultura hoy. ¿Cómo contribuye la formación psicoanalítica a la comprensión y trabajo frente a estos malestares? ¿Hasta qué punto se fomenta en nuestros institutos el diálogo entre el psicoanálisis y otras disciplinas en el enriquecimiento mutuo que amplían el panorama?

Estamos comprometidos con la idea de que el psicoanálisis, sus instituciones y sus miembros deben estar abiertos a los cambios en el campo sociocultural y reconocer la incidencia de los contextos en los que nuestra práctica se desenvuelve. Enfatizar el valor de un enfoque democrático y inclusivo implica envolver a todo el cuerpo psicoanalítico en reflexiones, discusiones y acciones que aborden los problemas sociales respecto a los cuales resulta necesario implicarnos.

En términos generales, el sesgo eurocentrista había llevado a una subestimación de la riqueza y relevancia de las perspectivas latinoamericanas en el campo del psicoanálisis. Sin embargo, los autores latinoamericanos han generado teorías y enfoques únicos que surgen de sus experiencias y contextos culturales particulares. Y cada vez esto va teniendo resonancia en el ámbito de otras regiones. Cabe destacar en este recorrido la sintonía con el espírito de *Calibán*, revista latinoamericana de psicoanálisis que difunde aportes de colegas latinoamericanos. ¿Qué lugar tienen autores de nuestra región en la bibliografía de seminarios dentro de los institutos?

Los aportes teóricos de autores latinoamericanos suelen tener enorme profundidad clínica, y muchos están muy atentos a las realidades socioculturales y políticas de la región, dando lugar a temas como el colonialismo, el mestizaje, la marginalización y la resistencia de una manera más directa y contextualizada. Estas perspectivas ofrecen nuevas formas de entender la subjetividad, la identidad y la experiencia humana en América Latina.

En este sentido, y a partir de lo planteado, ha ido el esfuerzo de esta comisión.

2. Supervisión didáctica – supervisión a distancia ¿Y ahora qué?

Cecilia Lauriña

La institución psicoanalítica que habitamos y nos habita, a la que pertenecemos y nos pertenece, en la cual encontramos el necesario lazo social, es fundamentalmente de formación de nuevos analistas. La transmisión está en el corazón de la formación psicoanalítica por lo cual es imprescindible reflexionar acerca de su ética.

En este escrito me propongo transmitir las voces de innumerables colegas latinoamericanos que han participado de una u otra forma en las actividades que se han desarrollado a lo largo de estos años en los sucesivos encuentros realizados por la Comisión de Formación y Transmisión de la Fepal.

Tomo para este capítulo el título: ¿Y ahora qué? precisamente porque así convocamos a un debate abierto y participativo para escuchar las voces latinoamericanas acerca de cómo dar curso a los cambios ya acaecidos que transformaron los dispositivos de la transmisión y formación psicoanalítica. Es nuestro compromiso pensar las vicisitudes de la formación en el contexto latinoamericano, sus problemáticas específicas y sus posibles articulaciones, atravesadas irremediablemente por la dinámica entre el poder y el saber. En estos encuentros se generaron debates muy apasionados e intensos, siempre nos sorprendió la gran cantidad de colegas presentes, reunidos a través de las generosas pantallas, interesados en pensar en plural, construyendo un coro de voces. Así se fue tejiendo un entramado de ideas, inquietudes y propuestas. Por tal razón no encontrarán citas ni nombres de autores – sería injusto e imposible – sólo me propongo transmitir las ideas que en idas y venidas muy fructíferas se fueron gestando.

Sin lugar a dudas, la pertenencia institucional y el tránsito por el trípode, con sus variantes en cada escuela, no ha perdido vigencia. Analizarse, supervisar y estudiar la teoría es imprescindible para convertirse analista.

La pertenencia institucional es imprescindible; propicia, en aquel que desea formarse como psicoanalista, el entusiasmo por un intensivo recorrido que implica aperturas y transformaciones subjetivas. La institución puede funcionar a través de las condiciones que impone como un ordenador y facilitador de una intensa travesía por el trípode que exige tiempo, esfuerzos variados y una implicación subjetiva sustantiva, ya que se trata del ser del analista que es puesto en cuestión. Tránsito nada fácil, tiempos apasionados, de transferencias múltiples.

¿Cuál es el objetivo de la formación psicoanalítica?

El término alemán para "formación" es *bildung*, el mismo que se utiliza en psicoanálisis para designar formaciones de compromiso, para la formación psicoanalítica es imposible de circunscribir, el término que más se aplica es *ausbildung*, una formación con un objetivo determinado, con un fin: el de ser analista. No obstante, en este campo semántico encontramos el término *ausarbeitung*, que se aplicaría con más exactitud a la formación psicoanalítica, ya que implica un producto de elaboración; un producto como resultado del pasaje por algo, el trípode de formación en nuestro caso. Pasaje que no es sin obstáculos, entre las aspiraciones personales marcadas por el ideal y la imprescindible y a la vez compleja pertenencia institucional, que de alguna forma reglamenta aquello que es imposible de reglamentar, como es el deseo inconsciente. La permanente reflexión acerca de las diferentes posiciones y las posibles y necesarias articulaciones en el tránsito por el trípode, así como el cuestionamiento de lo instituido, podría ser un buen antídoto ante los inevitables obstáculos, ya que nadie está a salvo de los goces del poder. El mayor desafío sería posibilitar y promover un tránsito por la formación más ligado al deseo que al deber.

Ahora bien, la institución psicoanalítica puede funcionar a través de las condiciones que impone como un facilitador, que propicia el entusiasmo por un intensivo recorrido analítico, teórico y clínico. Aun tomando en cuenta los aspectos más sombríos de la pertenencia institucional, que recaen tanto sobre el analista en formación como sobre los analistas que conducen las transferencias, la institución se nos presenta como estimulante y propiciatoria de una travesía que implica aperturas y transformaciones subjetivas, pero también resolver variados obstáculos.

Ahora bien, ¿Será posible una transmisión de saber, que no se asiente en el poder y tome en cuenta la dimensión de imposible y el riesgo de perpetuar los saberes instituidos?

En todos los vínculos humanos se ponen en juego relaciones de poder. En las distintas posiciones en las que los analistas ejercen el poder-saber que su función les confiere, en la forma de transmisión misma que ejercen, encontramos la vía de su desviación posible. Los efectos son muy diferentes cuando se ejerce desde una posición de autoridad o desde un autoritarismo incuestionable. Es diferente si la transmisión incluye el no saber y el deseo de propiciar la investigación y el potencial de cada nuevo analista, o si se ejerce como una enseñanza dogmática obstaculizando la adquisición de un pensamiento crítico y clínico. El mayor desafío en la actualidad sería posibilitar y promover un tránsito por la formación más ligado a los nuevos aconteceres que mueven el mundo y atraviesan la clínica, dando herramientas para una escucha abierta a los nuevos paradigmas.

Cuando la elasticidad se volvió imperativa

Con el advenimiento de la pandemia del Covid-19, se conmovió lo instituido que parecía incuestionable e inamovible. Los analistas de todo el mundo ante la desorientación e incertidumbre pusieron en juego sus responsabilidades frente a sus pacientes, supervisandos y alumnos. Nuestros habituales encuadres se vieron alterados, perturbados, a la luz de lo que la pandemia exigió y la atención *on-line* se transformó en la única vía posible para continuar con el desarrollo del trípode de formación. La elasticidad fue imperativa, se conmovieron las certezas y dogmatismos y los analistas dieron pruebas de su capacidad de adaptación a un evento traumático. Para algunos funcionó como uno de los más inusuales, inesperados y traumáticos imperativos superyoicos, para otros fue pluralizar y extender un dispositivo que ya funcionaba. Aún los institutos más reticentes a la atención *on-line*, en pocos meses abrieron sus puertas y comenzaron primero a probar y luego a comprobar las bondades de la virtualidad y las amplias posibilidades del encuadre psicoanalítico inauguradas por Freud en los momentos fundacionales. Así, el dispositivo psicoanalítico con impensadas modificaciones dio respuestas que contradicen los pronósticos más pesimistas. El psicoanálisis estuvo más presente que nunca con consultas que se multiplicaban tanto en el plano privado como en el institucional, y nuevamente nuestro querido método dio pruebas de su eficacia aún en condiciones poco prolijas o propicias.

¿Estaban nuestras instituciones tan afirmadas en lo instituido que tuvo que acontecer semejante catástrofe para darnos cuenta que es posible establecer nuevas coordenadas?

Lo instituido corre el riesgo de funcionar como baluarte que da consistencia y valor a las instituciones, no dando lugar a que las nuevas encrucijadas y prácticas acordes al devenir cultural y social de cada época vayan instituyendo nuevos saberes. Quizás lo temido sea esa zona de conflicto irremediable que no cesa de insistir en las reuniones de analistas, que ha dado lugar tanto a escisiones como a nuevas creaciones.

De lo instituido a lo instituyente

Ante las insospechadas circunstancias que nos confinaron, se produjeron aperturas que diseñaron un nuevo escenario para la formación psicoanalítica. Las numerosas actividades propuestas por la Comisión de Formación y Transmisión de la Fepal versaron, en el área de las supervisiones didácticas, a las cuales me referiré, sobre las problemáticas propias que hacen a su devenir y acerca de la supervisión a distancia.

Se plantearon dos cuestiones relevantes:

1. El peso de las reglamentaciones, que favorecen u obstaculizan su desarrollo, así como las aperturas posibles.

2. Las transformaciones acaecidas en el dispositivo, en tanto las supervisiones se cumplimentaron de manera virtual, situación testimoniada por innumerables colegas.

Comencemos pensando la polisemia del término supervisión, que por inercia de lo instituido, en nuestras asociaciones, alude al encuentro entre un supervisor y un supervisando que se reúnen para hablar de un caso, un ausente que se hace presente a través del relato del analista en formación. Otra de las formas instituidas en algunas asociaciones es la supervisión grupal obligatoria. Ahora bien, ¿cuántas formas hay de abordar, pensar, investigar la clínica? ¿Cuántas formas conocemos de supervisar? ¿Cuáles son las formas de presentar y abordar el material? ¿Cuál es el objetivo de una supervisión?

A la hora de pensar si lo instituido hace ya un siglo podría ser ampliado o modificado es necesario considerar la diversidad de prácticas que se han ido generando tales como los Working Parties, supervisiones grupales, bipersonales, presentaciones en ateneos o congresos, acotadas y prolongadas, virtuales, presenciales, que solo representan algunos ejemplos de formas de pensar la clínica.

En este punto, cabe preguntarse si el proceso llevado a cabo tanto desde el lugar de supervisando cómo de supervisor tiene como meta privilegiada el cumplimiento de la regla institucional, lo cual burocratiza el proceso alejándolo del psicoanálisis o si lo que comanda la dirección de la supervisión es hacer de ese análisis un proceso lo más analítico posible. Otra cuestión muy relevante es si la supervisión se ocupa en forma preponderante del paciente o de la posición del analista en la dirección de la cura. Cuestiones del poder y del saber-hacer que se dirimen en la clínica de la supervisión.

¿No respondería más a los fines de la formación analítica establecer parámetros más amplios que den lugar a la singularidad del caso por caso, propio de nuestra disciplina?

¿Supervisar variados casos que conforman la clínica de un analista en formación no permitiría develar más fácilmente sus obstáculos en la escucha, los freudianos puntos ciegos?

Es necesario preguntarnos cual de los instituidos expresados en los reglamentos se sostiene como auténtica necesidad formativa del analista y por necesidad de la institución o de sus miembros. El marco legal es necesario porque ordena, pero recordemos que no sólo pone orden, también da órdenes, a veces de difícil cumplimiento. El permanente cuestionamiento de la institución y los instituidos posibilita no quedarnos defendiendo baluartes que a veces poco se relacionan con las necesidades actuales.

Retomemos la consideración de la polisemia del término supervisión y del término control, que siempre resultaron controversiales y poco apropiados para la práctica que nominan.

La permanencia del término supervisión, que es la más difundida en su inercia, nos indica que hay algo a interrogar acerca de ese instituido. Es llamativo que no se haya modificado su denominación, quizás porque con solo pronunciarlo se establece un acuerdo de hecho que hace que nos resulte innecesario cualquier pedido de aclaración. Sin embargo, se llama supervisión a prácticas que son muy diferentes entre sí que, a veces, lo único que tienen en común son los aspectos reglamentarios.

Super-visión muestra la falla en utilizar el prefijo "super" que añade a la palabra que califica el sentido de "por encima", expresando la característica de que se trate en su grado máximo, y "visión" tampoco sería adecuado para referirse a una práctica que fundamentalmente tiene que ver con la escucha. Aprovechemos para aclarar entonces que este dispositivo llamado supervisión psicoanalítica debe ser redefinido en las particularidades de su práctica, definir de qué asimetría se trata, de qué tipo de escucha, y cuál sería la función del supervisor. Cuestiones que iremos abordando desde distintas perspectivas.

El análisis de control no tiene mejor destino, ya que incluye el superyoico "control", calificativo poco apropiado para una práctica que se propone recoger las resonancias de una escena, la del análisis, de la cual el supervisor está ajeno. ¿Qué debería controlarse?

Quizás estos debates y cuestionamientos permitan en algún momento encontrar un significante que nomine de manera más justa una práctica por cierto imprescindible para la formación analítica y que dé cuenta de su dimensión de escucha, una diferente y privilegiada en la que está en juego la transmisión en una potencia que pone en juego inconsciente, transferencia, saber, poder, saber hacer.

Consideremos ahora las *supervisiones didácticas*. En principio, son supervisiones institucionalizadas sobre las que recae el peso de la reglamentación y un inquietante juego de lazos transferenciales y societarios. Vayamos por parte, que sea un requerimiento institucional, implica desde el inicio cierto sesgo reglamentarista que puede incidir para bien y para mal, en el deseo y en la transmisión.

La exigencia reglamentaria difiere mínimamente en las diferentes asociaciones de la API. Lo que no cambia y recae sobre el dispositivo de supervisión, casi a la manera de una regla fundamental, es la frecuencia del análisis que se supervisa, la cantidad de horas a supervisar, la continuidad en el tiempo y el requisito de dar cuenta de lo acontecido en el transcurso de la misma. Requisitos que encuadran más cuantitativa que cualitativamente una práctica que en sí misma no cuenta con una regla fundamental. Siendo de una forma continua, favorece la posibilidad de derribar resistencias de uno y de otro partícipes de la experiencia, así como que se deba dar cuenta de lo acontecido, da lugar al despliegue de riqueza en la investigación de la clínica y su escritura. Sin embargo, entre los muchos factores a tomar en cuenta, es importante observar una diferencia muy considerable en la posibilidad o no de que la misma transcurra en transferencia, que es lo inherente psicoanalíticamente y por eso mismo, esperable. Retomaremos más adelante este punto tan importante.

Vayamos a la adjetivación del término didáctica, que es un oxímoron, ya que en esta experiencia no hay nada que enseñar, más bien se trata de que el supervisando pueda atravesar la experiencia del inconsciente, que no puede ser enseñada. Esa es la paradoja de lo "didáctico": el dispositivo analítico es estructuralmente ajeno a cualquier intención educativa, sin embargo es esperable que tal experiencia del inconsciente pueda ser registrada por el supervisando en su trabajo en transferencia con su paciente.

No podemos soslayar la distinción entre aquellas prácticas de supervisión que se suscitan desde el cumplimiento del deber y las que responden a una demanda del supervisando. La supervisión didáctica se ubica en la primera, es *obligatoria,* pero no por eso devaluada, ya que hay que reconocer hasta que punto la obligatoriedad empuja a una práctica que puede, en un segundo tiempo, ser reconocida como productiva, eficaz y por lo tanto deseada. Muchos analistas no conocen su imprescindible eficacia hasta que son empujados a vencer sus resistencias con una medida reglamentaria.

Del lado de los supervisores, la función didáctica es la que habilita a ser supervisor o analista didáctico. Pero ¿qué implica esa habilitación más allá de los requisitos reglamentarios? ¿Cuáles serían las condiciones subjetivas y de formación de un supervisor que le posibilitaría realizar una adecuada transmisión de la clínica psicoanalítica?

Este es un tema que ha suscitado controversias. Y seguramente continuarán, ya que la habilitación es un tema caro al psicoanálisis, que ha provocado difíciles problemas a los institutos de formación de toda la API. En Latinoamérica conocemos algunas asociaciones en las que el tema entró fuertemente en debate y se modificó después de muchas tensas discusiones. Encontramos diferentes modos de transmisión y habilitación no sólo para los analistas en formación pero también para las funciones de supervisor, analista y profesor de seminarios.

Después de treinta años de controversias, con avances y retrocesos, en la Sociedad Brasileña de Psicoanálisis de Río de Janeiro (SBPRJ) se abolió la categoría de analista didáctico en el 2015. Desde entonces, cualquier miembro efectivo de una sociedad afiliada a la API puede conducir los análisis de formación. Los analistas en formación son incluidos en grupos de acompañamiento. Los supervisores y coordinadores de seminarios deben calificar por medio de presentaciones y participación en seminarios dictados por colegas ya calificados para el ejercicio de estas funciones del instituto.

Del mismo modo, en 1974 la Asociación Psicoanalítica de Uruguay (APU) realizó la reforma que dio origen al Modelo Uruguayo, reconocido como uno de los tres modelos que imperan en la API. En ese entonces desaparece la categoría de didacta que concentraba en un mismo miembro todas las funciones didácticas, que son asumidas por grupos de funciones que investigan los problemas teóricos y cumplen los requerimientos prácticos y organizativos inherentes a su área específica. No se trata ya de una categoría que puede adquirir un miembro, sino de una función que puede ejercer en interlocución con otros colegas que comparten la realización de esa tarea.

Otra experiencia a tener en cuenta es la categoría de didáctica provisoria, que funciona desde hace algunos años en la APA y APC. Esta categoría habilita a un analista que aún no alcanzó la habilitación para la función didáctica a continuar con el análisis (en curso) de un analista en formación ingresante a la institución, respetando de este modo la transferencia previa. Durante tres años, el miembro cuenta con la posibilidad de cumplimentar los requerimientos para asumir la función didáctica definitiva.

Estos son sólo unos pocos ejemplos de lo más difícil, pero no imposible, que resulta en las instituciones realizar un cambio estatutario, y también dan cuenta del deseo de muchos de huir de la burocratización y concentración del poder en unos pocos y avanzar hacia una transmisión del saber-poder más plural y democrática.

Dejemos planteado el dilema entre obligatoriedad y necesidad, así como un segundo dilema entre cumplimiento de las reglas y el rol facilitador que ellas pueden ejercer, para no caer en respuestas rápidas que favorezcan soluciones prejuiciosas.

Avancemos en los matices y particularidades del dispositivo en los diferentes escenarios en que transcurre.

¿De qué poder se trata?

Si afirmamos que la supervisión es una práctica que transcurre en transferencia, la *asimetría* estará presente con todo lo que aporta en su posibilidad creativa, así como en la disposición a la idealización y sumisión al supervisor. La asimetría es estructural, está presente desde el comienzo de la vida, en la necesidad del auxilio ajeno que da lugar a la vida, y desde ahí estará presente en todas nuestras relaciones. Es preciso revisar el concepto de asimetría. Hay asimetrías de lecturas, de saberes, de experiencias, de tiempos. Y bienvenidas sean si implican una transmisión en la cual esas asimetrías no devengan en abusos de poder. La apuesta es que de la asimetría propia del dispositivo pueda surgir un analista. En esa *asimetría transferencial* es responsabilidad de aquellos que conducen la transferencia revisar sus posiciones enunciativas. La transferencia, condición de posibilidad, puede dar lugar a asimetrías que obstaculizan el tránsito por la formación en el modo propiciatorio de transferencias idealizadas que impiden el llegar a ocupar una posición analítica más autorizada al analista en formación. Si el supervisor impone su modo de analizar, su línea teórica o, aún peor, la *interpretación correcta,* colonizará el pensamiento en lugar de favorecer un estilo propio en el analista en formación. Desde este punto de vista, no se trata entonces de evitar la asimetría, tarea imposible, sino de cuestionar desde qué posición se imparte el saber, y fundamentalmente, de qué saber se trata. En las frecuentes y muchas veces apasionadas discusiones acerca de cómo se forma un analista, se pone el acento más en los candidatos, que en las posiciones de aquellos que están llamados al manejo de la transferencia, que con una actitud poco clara, más bien enigmática, no dan muestras de cómo llegaron a su saber hacer. Es preciso tener en cuenta que los supervisores, por estar ubicados en la transferencia de búsqueda del saber, ocupan una posición que favorece idealizaciones y sumisiones. Algunos supervisores, devenidos en verdaderas instituciones dentro de las mismas, requieren uniformidad, estableciendo modelos únicos e incuestionables, ubicándose como maestros que imponen su saber a su cautivo alumno, al que dejan irremediablemente en una posición regresiva, pasivizada, infantilizada. Contrastan con aquellos que dan lugar a la diversidad de teorías y modelos alternativos, que incluyen la posibilidad de transformación y de adquisición de un pensamiento crítico y clínico, como paradigma de nuestra época. También hay que considerar que aun cuando el supervisor hace una adecuada transmisión del saber, con abstinencia del poder que suscita, si su figura está idealizada, si la pasión imaginaria es excesiva, el analista en formación le otorgará poderes casi mágicos. Ante la incertidumbre y la falta de garantías a la que nos enfrenta la clínica, el deseo de tener un amo incuestionable puede constituirse en el mayor obstáculo en la formación de un analista.

La pregunta sigue vigente, ¿cuál es la forma de transmisión adecuada a la ética psicoanalítica, para que cada quién vaya construyendo su ser psicoanalista, en un proceso que dé lugar a la singularidad, a los deseos, ideales y inquietudes de aquellos que transitan su formación y en la cual puedan acotarse lo más posible los inevitables procesos de psicología de las masas? Podemos reconocer ese desamparo como constitutivo de la posición del analista, con los riesgos a los que estamos expuestos en el afán de "resolver" esa angustiante y a veces insoportable vacilación a la que nos enfrenta la clínica.

En el dispositivo de supervisión encontramos en un polo aquellos que rechazan entrar en su escena con horror a recibir la ayuda que puede dispensar un Otro con experiencia, quedando fijados a un saber certero y dogmático, sin reconocer un más allá. En el otro polo, la búsqueda de saber suele convertirse, a traves de la transferencia idealizada, en la búsqueda de un amparo que implica sometimiento y sumisión a los dichos del supervisor.

La institución con sus reglamentaciones intenta dar algún marco a estas difíciles encrucijadas. ¿Cómo propiciar un tránsito por la formación que estimule la transferencia al trabajo, la investigación, creatividad y el deseo de crecimiento y exogamia?

Es necesario investigar, inventar, crear diversas formas de pensar un material clínico que tome en cuenta la singularidad en cada "caso" y que propicie la puesta a punto del inconsciente como herramienta de la práctica, tal como Freud postula en *Consejos al médico.*

Cada época tiene que revisar sus modelos. Cabe preguntarse entonces: ¿Qué otros modelos alternativos podrían sumarse a las supervisiones establecidas desde su institucionalización?

Aquí podría plantearse el deseo de supervisar, por parte del analista en formación y el deseo de supervisor, por aquel que ejerce tal función como posicionamientos que implican cuestiones que deben estar en permanente revisión, no pueden ser pensadas de una vez y para siempre.

El deseo de supervisar implica desde el inicio a vencer resistencias en la forma del reconocimiento de la necesidad de un Otro, el reconocimiento de la incertidumbre y la puesta en juego de la subjetividad del analista. Hablar de la práctica con otro analista es una oportunidad de ir subjetivando obstáculos y tropiezos, develando puntos ciegos, para ir al develamiento del deseo de analista. Es la posibilidad de ir diseñando un saber hacer.

El deseo del supervisor se sostiene en el fantasma individual de cada cual, que, cual posición ética, debería ser subjetivado. Varía de acuerdo a su posición en la institución de pertenencia, si su posición es de garante de la norma institucional o si su función está orientada a promover el discurso analítico. Como testaferro de un saber supuesto, es esperable la interrogación de su propio saber y el estar advertido del riesgo de que su posición puede, vía transferencia, perpetuar asimetrías infantilizantes. Es esperable que en el ejercicio de su función de supervisor, el poder que le otorga el saber pueda dar lugar a transmitir al supervisando que el poder se aloja en la palabra, en la palabra en transferencia que implica la experiencia del inconsciente. Posición abstinente del supervisor que propicia que el analista encuentre su forma de decir, su forma de intervenir, su forma de ser analista. Posición asimétrica que implica la responsabilidad de dar lugar a una habilitación esperable en la forma de adquirir una voz propia por parte del supervisante.

Podría plantearse la disimetría, que no es simetría ni asimetría, sino dar lugar a la extranjería de una mirada habilitadora hacia la voz del analista en formación que va de la mano del estilo. Disimetría implica mirar la cuestión y orientar la escucha hacia un lugar que incluye los tropiezos y problemáticas de la formación, dando lugar a lo distinto radicalmente, acoger la diferencia.

Hay que pensar como nos han permeado diferentes autores, hay una herencia que no debemos olvidar, sino interpelar y convertirla en legado para elaborarla. Es la línea teórica que vino de la mano de los inmigrantes europeos a la América, que gestaron la psicología del Yo, que propugnaba la identificación con los aspectos sanos del Yo del analista o supervisor. Es necesario interpelar esta cuestión, porque esa posición da poder, que el analista se instale en una posición en la cual él sustenta una zona libre de conflicto con la cual el analista en formación tenga que identificarse, es una posición que implica idealización, sumisión y censura, hacia lo diferente y creativo que el analista en formación pueda presentar.

¿Y de qué saber se trata?

La pregunta que insiste es cómo se transmite el saber que le es demandado al supervisor.

Si bien el supervisor decide las coordenadas del encuadre y soporta la transferencia a veces idealizada, que le confiere poder, su posición ética es ir dando lugar a que esa transferencia idealizada derive en un trabajo de interrogación y investigación acerca de la clínica por parte de su supervisado. El supervisor acompaña brindando confianza en la escucha para que el supervisando vaya creando las diferentes voces con las cuales interpretar en la singularidad del caso por caso. No hay un saber certero, la posición de docta ignorancia es disposición al saber para ir acompañando al supervisado al encuentro con lo contingente y solitario de su práctica.

Con analistas nóveles, en el comienzo de una práctica el supervisado puede necesitar recibir indicaciones más precisas. Más adelante, al subrayar o repetir una palabra o una frase se puede destrabar la escucha. Con pacientes graves, el panorama suele exigir una posición más activa y hasta directriz del supervisor. Delgada línea entre la responsabilidad que le cabe al supervisor y dar lugar al proceso que el analista en formación tiene que ir realizando para poder acceder a cierta autonomía en la dirección de la cura. La posibilidad de que esa línea se cruce siempre es una amenaza. De un lado se encontrarán motivos para abusos de poder por parte del supervisor transmite un saber incuestionable; en el sentido opuesto, encontraremos una actitud benevolente que no facilita la formación del analista.

Entonces, la interrogación acerca de su posición como supervisor, como dirige y conduce la demanda de saber y como transmite una adecuada posición analítica en su supervisando, es una preocupación acorde a la función.

Algunos de los grandes temas que es necesario y esperable que se vayan develando en la supervisión son los diversos posicionamientos en la clínica que no van a favor de una adecuada ética psicoanalítica: analistas apáticos, aquellos que demandan amor de sus pacientes, los que no se sienten habilitados para cobrar los honorarios, los que necesitan ser reconocidos por sus pacientes o no soportan la transferencia negativa, los que, con ideales benéficos, pretenden dirigir la vida de sus analizados o los que están tomados por un furor curandis. Ahí se ubica la articulación entre el análisis y la supervisión en el trabajo con la subjetividad del analista, la posibilidad de develar sus puntos ciegos y las identificaciones alienantes que operan como el mayor obstáculo en la escucha.

Ahora bien, un tema sustantivo es cómo se transmite el saber. Aquí encontramos otro juego de poderes, entre un *maestro, supervisor, analista que tiene el saber y un analista en formación que debe aprenderlo.* Estas asimetrías vía transferencias imperan en muchos dispositivos, tanto en seminarios, en supervisiones y aún en análisis, situaciones en las cuales no hay lugar para el encuentro con lo novedoso o creativo. ¿Qué debería transmitir aquel que conduce la transferencia? ¿Qué lugar para la docta ignorancia, la investigación, el no saber que habilita la búsqueda?

Estanislao Zuleta, pedagogo colombiano, dice que el pensamiento funciona con las tres categorías: capacidad de admiración, idealización, trabajo y asimilación de conocimientos y reglas, luego la capacidad de oposición, de crítica y rebelión, y otra, la más importante para nosotros, es cuando esos conocimientos dan lugar a generar nuevos conocimientos, a la capacidad de creación. Los procesos formativos suelen detenerse en el segundo, no dando lugar al desarrollo de una voz propia. Si el supervisor en nuestro caso desea reiterar y reproducir su pensamiento en su supervisado, no hay lugar para que el analista en formación adquiera un posicionamiento ético y clínico. Es necesario un margen de ignorancia en el saber del supervisor que estimule la interrogación, la investigación y de lugar a que el analista en formación vaya adquiriendo confianza en su propia escucha y palabra.

¿Ley simbólica o ley superyoica?

Otra cuestión que hace al abordaje de obstáculos y posibles aperturas es la consideración acerca del peso de la reglamentación en las supervisiones didácticas. Hay obstáculos que comprometen la posibilidad misma de llevarlas a cabo y que registramos con algunas variantes, en todas las sociedades. Si deseamos hacer una lectura psicoanalítica de los obstáculos en la transmisión en el seno de la formación, es necesario pensar el efecto de las regulaciones reglamentarias en el tránsito individual de los analistas en formación. Es imperativo someter a investigación lo instituido para dar lugar a que los nuevos aconteceres que mueven el mundo y atraviesan la clínica posibiliten prácticas acordes a los movimientos culturales y sociales de cada época, instituyendo nuevos saberes.

En relación a las *supervisiones didácticas* se han suscitado temas de debate que aportan nuevos matices a los obstáculos que conocemos desde hace décadas.

Recordemos que la supervisión didáctica implica, con mínimas variantes, dos supervisiones de ochenta horas cada una, de un paciente con una frecuencia de tres a cinco veces semanales y un informe escrito al cabo de cada año. El mayor obstáculo que insiste en toda Latinoamérica se presenta desde hace muchos años en "conseguir" ese paciente privilegiado, que realiza al menos tres sesiones semanales y que perdura por dos años.

Ahora bien, aun cuando ese *privilegiado paciente* que responde a la demanda de la institución se recuesta en el diván del analista, para que cumplimente la alta frecuencia y permanezca en el análisis, suele ser subvencionado por el analista, cobrando mínimos honorarios para mantener ese análisis, que por la misma inversión de la demanda termina resultando muy poco analítico, en contraste con los altos honorarios, que generalmente abonan los analistas en formación para cumplimentar los requerimientos de la formación.

Entonces, para el analista en formación, el tránsito por esa supervisión estará al servicio de un cumplimiento burocrático, sumiso a las reglas de la institución, sin poder recorrer y investigar las complejas vicisitudes de los análisis que conduce. La alta frecuencia establecida *a priori* y la permanencia del mismo durante dos años como requisito en el analizando no garantizan de ningún modo la eficacia del proceso, y menos aún la posibilidad de que el analista en formación trabaje su subjetividad en relación a su posición como analista. Podríamos decir, cuando la reglamentación instituye el encuadre, se restan posibilidades del necesario manejo de las coordenadas de la cura, siempre singulares, por parte del analista. El analista en formación queda más bien formateado, recibiendo del supervisor intervenciones taxativas, que haciendo uso del discurso universitario en un funcionamiento más ligado a la enseñanza no dan lugar a la transmisión psicoanalítica. Cuanto más burocrática se vuelve una supervisión, menos chance de la imprescindible puesta a punto del inconsciente como herramienta de la práctica. La formación es permanente y ningún analista está a salvo de ocupar posiciones que, desde el autoritarismo o la caridad, no favorecen que en el largo proceso de formación los candidatos vayan adquiriendo una posición analítica. Ahora bien, aun contando con analistas experimentados que desean hacer una verdadera transmisión del psicoanálisis, es necesario considerar cómo el sistema de formación institucional, así como propicia y enriquece al candidato, también puede llegar a sentirse como un cepo, en el cual el cumplimiento del deber impone restricciones al pensamiento, la investigación y la creatividad. Sin embargo, quizás por miedo, el cumplimiento del deber funciona como una posible condición que aseguraría el pertenecer, el ser aceptado y valorado por la comunidad analítica, sacrificando todo lo bueno y creativo que una supervisión puede aportar. Extremando los términos, como tanto escuchamos, se podría decir que la libertad de movimiento del candidato en formación está acotada, limitada, y no sólo por la reglamentación sino por la posición subjetiva de cada cual, por esta razón la articulación de las diferentes posiciones del trípode debe recostarse en el diván.

Ahora bien, surgen las preguntas acerca de quién está autorizado para hablar de supervisión:

- ¿Quién podría plantear objeciones a lo instituido?
- ¿Quién podría proponer y propiciar transformaciones en el dispositivo?

Quizás en este punto registramos la mayor asimetría, ya que los analistas en formación tienden a transitar la supervisión pasivamente, se acomodan a las incomodidades en una posición sumisa y no se sienten autorizados para cuestionar sus dilemas.

En las fructíferas reuniones en las cuales los analistas en formación fueron invitados a plantear sus dificultades en el tránsito por la formación, expresaron su preocupación por el miedo y la persecución que viven en muchas de las sociedades psicoanalíticas, donde se los invita a callar, donde el lema sería: "de eso no se habla", refiriéndose a las situaciones de abusos de poder que incitan al sometimiento y la obediencia. Algunos se animan, comparten y traen sus voces a las reuniones de intercambio, pero muchos, la mayoría, quedan encorsetados por el temor.

Mantener una posición ética de reconocimiento y respeto a la ley, sin duda es una conquista cultural esperable de un analista. No obstante, es necesario diferenciar la ley simbólica que ordena y regula los intercambios, ley que regula el deseo mediada siempre por un tercer término, Otro, que en nuestro caso da lugar a la palabra y a las transformaciones posibles; de la ley superyoica, imperativa y insensata, incuestionable, que pide obediencia ciega. La institución psicoanalítica y los que en su representación conducen las transferencias puede operar y "ordenar" en uno u otro sentido, facilitando una transmisión que subjetive la posición del analista o aquela que va a favor de la identificación, como antes expresábamos.

La paradoja con la que nos enfrentamos siempre, irremediablemente, es entre ese Otro singular, motor del deseo de cada cual y el peso del Otro institucional, que intenta regular los intercambios. Entre lo singular y universal, entre lo privado y lo público. Estas ideas, largamente discutidas, dejaron planteado un gran interrogante: ¿el cuestionamiento en un clima de libertad propiciará las transformaciones que se expresan como necesarias desde hace décadas?¿O la inercia institucional lo confinará a meras palabras libremente expresadas, pero que no pasan del decir al hacer?

Las posiciones dogmáticas que se presentan en la práctica de supervisión no dan lugar a que el tercero en cuestión pueda ser el inconsciente como sería lo esperable, sino la institución y sus reglamentaciones.

Moustapha Safouan dice que supervisor y supervisando son dos lectores del mismo libro, el inconsciente. A veces la "lectura" de ese tercero en cuestión, que es la causa inconsciente, como también lo afirma Jaime Spilka, se desvirtúa en función del peso de la Institución. Así como la pasión por hacer el bien es un extravío en la función analítica, otro extravío puede ser exigir un cumplimiento ciego.

¿Endogamia o elección vía transferencia?

Otra cuestión no menos acuciante es la elección del supervisor. En aquellas sociedades muy pequeñas, con muy pocos miembros, la posibilidad de elección vía transferencia está sumamente acotada, domina la *endogamia* con los efectos antipsicoanalíticos por todos conocidos.

En el XXI Encuentro de Institutos de 2021, escuchamos testimonios de analistas en formación que relataban la imposibilidad de elegir al supervisor, cuando la sociedad no cuenta con supervisores "disponibles", es decir, en estas situaciones se corre el riesgo de llevar una supervisión durante dos años con un supervisor con el cual no se estableció transferencia, más bien se trata de una posición de sumisión a la oferta "que hay", situación que en lugar de favorecer los fines de la supervisión, provoca desgano, desinterés y deseo de su finalización sólo para cumplir con el requisito de la formación. Situaciones endogámicas que resultan más frecuentes que lo deseado, que no solo transcurren en las sociedades con pocos miembros, ya que la tentación endogámica siempre está presente y deriva en una posición de poder. De este modo se favorece la alienación alterando e imposibilitando una elección transferencial, que podría dar lugar a una separación habilitante del lugar de analista.

Indudablemente, la reglamentación es necesaria en una institución que forma analistas, pero es necesario reconocer que difiere de la exigencia ética del psicoanálisis, y esta diferencia nos enfrenta a dilemas y encrucijadas. Cuando el cumplimiento de la exigencia reglamentaria predomina por sobre la ética psicoanalítica, el resultado es la tan indeseada burocratización.

¿Acaso no esperamos un tránsito por la formación que posibilite al analista apropiarse de un nuevo saber?

La cuestión crucial es pensar lo que puede transformarse del dispositivo de supervisión didáctica, sin prejuicios, y desde un criterio que tomando en cuenta la realidad de las asociaciones y los consultorios no sea una mera adaptación a la realidad, sino que brinde las herramientas y de lugar a la eficacia psicoanalítica.

Se trataría de hacer que las reglamentaciones tomen en cuenta los obstáculos geográficos y económicos que atraviesan los analistas en formación, y que en una apuesta más democrática e inclusiva jueguen a favor de un posicionamiento analítico en la clínica sin hacer de eso una posición religiosa.

¿Qué ocurrió en el escenario de las supervisiones didácticas a distancia?

La pandemia evidenció que el trípode remoto es posible y eficaz, con características propias variables al igual que las formas presenciales.

Esta insospechada situación que puso en jaque nuestros confortables, conocidos e incuestionables encuadres también puso en evidencia que el estándar que se consideraba único como posibilidad de ejercer el psicoanálisis no lo era. La excepción a la regla mostró que no es la regla la que garantiza o establece el psicoanálisis.

Contamos con experiencias previas de épocas remotas que permiten afirmarlo, como la supervisión epistolar que mantuvieron Freud y Edoard Weiss durante veintiocho años o las supervisiones realizadas por Melanie Klein a analistas latinoamericanos, por interpósita persona. Pero tenemos precursores más cercanos, en el tiempo y en América Latina. Es decir, en América Latina contamos también con una experiencia precursora de los cambios que estamos transitando que ha permitido y promovido la formación a analistas de lugares en los cuales no existe ninguna asociación psicoanalítica.

El Instituto Latinoamericano de Psicoanálisis (ILAP) es un instituto sin sede que reúne y forma analistas de países donde aún no existen sociedades pertenecientes a la API. La forma de transmisión es preponderantemente virtual desde hace 17 años. Libertad de elección y exogamia posibilitados en el caso del ILAP, no por la pandemia, sino debido a una carencia insoslayable, la falta de lugar donde pudiera desarrollarse lo presencial. Esta experiencia que lleva tantos años de desarrollo es un importante precursor a tomar en cuenta del cambio que la pandemia propició en todo el mundo.

Ahora bien, estas nuevas aperturas que enriquecen a todos sus miembros también afectan la dinámica misma de las instituciones, que no siempre están dispuestas a favorecer la exogamia en detrimento de "lealtades" empobrecedoras. Lealtades que obstaculizan la capacidad de desarrollo de cada analista.

¿Sólo es eficaz el método tradicional, el encuentro presencial entre supervisor y supervisado? Estos interrogantes nos llevan a considerar nuevas encrucijadas a las que todos nos enfrentamos, cuestiones relevantes y reveladoras. Sumas y restas, pérdidas y ganancias de un nuevo dispositivo que instituye nuevas posibilidades. Nuevos encuadres, nuevas aperturas.

Como venimos afirmando, hace ya cuatro años las supervisiones se vienen realizando vía *on-line*. Desde ese entonces en Fepal se han realizado investigaciones y se han dado fuertes debates acerca de los efectos de los cambios suscitados en el teleanálisis, (así llamado desde ahora) las supervisiones a distancia y los seminarios *on-line*. Aperturas y temas de debate que se suman y aportan nuevos matices a los obstáculos que conocemos desde hace décadas.

En el contexto actual, se suma otra cuestión que está en pleno debate en estos días: si puede instituirse y continuar su realización de manera *on-line* como ha transcurrido desde el 2020 y si puede realizarse con analistas de otras asociaciones, como ya está ocurriendo en algunas asociaciones de la API y la Fepal. La apertura a un número mayor de supervisores de diferentes sociedades, líneas teóricas y modalidades de trabajo es inherente a la única elección que es consustancial al psicoanálisis, la elección por transferencia.

En el caso específico de las supervisiones didácticas, hemos recogido numerosos testimonios acerca de su eficacia, así como lo enriquecedor que ha resultado, en términos de exogamia y intimidad, el poder elegir supervisores más allá de las fronteras de los institutos. Como venimos afirmando, la virtualidad ha resuelto obstáculos insalvables en otras épocas, como los geográficos y económicos. La apertura de fronteras posibilitada por la comunicación en línea ha aportado una conectividad no sólo digital, sino fundamentalmente humana. Hoy en Latinoamérica hay una fluidez de intercambios teóricos y de experiencias de diversos analistas con realidades diferentes que pueden compartirse, que ha dado a la Fepal un crecimiento inimaginable hace solo cuatro años. Y todo esto por una apasionada transferencia al psicoanálisis.

¿Escuchamos los testimonios de analistas en formación?

> *Mi formación estaba detenida, postergada, y un suceso inesperado posibilitó retomarla. La pandemia abrió una*

posibilidad cierta de acceder a un formato de comunicación que barrió con las distancias geográficas.

A través de la experiencia de la Supervisión en línea, se abrieron nuevas posibilidades de conocer distintos estilos de trabajo, al momento de escuchar y analizar el material clínico del paciente. Esto no hubiera sido posible en la modalidad tradicional, dado que en mi caso me separan muchos kilómetros desde mi lugar de residencia y la sede de la asociación a la que pertenezco, lo que se traduce en un viaje de muchas horas entre ida y vuelta, un gasto económico importante, a lo que se suma el lucro cesante que implica.

En pandemia el requisito de supervisión presencial se flexibilizó y pude así comenzar a supervisar con una psicoanalista de otra asociación. Conocí a mi supervisora a través de una pantalla y la transferencia se instaló tan rápidamente como cuando realicé la supervisión presencial. La ausencia del cuerpo presente no marcó ninguna limitación.

Fue algo muy importante que se ampliara la posibilidad de elegir con quién quería supervisar (incluyendo profesionales de asociaciones distantes), pudiendo así poner a jugar mis deseos, transferencia, además de cumplir los requisitos de la institución.

Las supervisiones continuaron hasta hoy, de su eficacia no tengo dudas, mi mejor capacidad de escucha, mi capacidad de intervención y las articulaciones que podemos ir realizando con diferentes bibliografías me han enriquecido notablemente, como no ha ocurrido antes.

¿Qué aporta la presencia del cuerpo al encuentro con otro?

¿Esa presencia es necesaria en una supervisión? Hoy considero que hay presencia en ausencia y ausencia en presencia. Considero que la supervisión on-line *implica una ganancia en la posibilidad de dejarse guiar por el deseo y en exogamia, y no resta eficacia al encuentro de supervisión, ya que quien supervisa encuentra en su lugar de analista un entramado subjetivo suficiente como para hacerlo por distintas vías.*

No podemos quedarnos abroquelados en formas que están establecidas en una época ya superada, sin cuestionarlas a la luz de las nuevas posibilidades. Los psicoanalistas, hoy más que nunca, insistimos en dar cuenta del modo en que llevamos a cabo nuestro quehacer y sus efectos.

La libertad de elección del supervisor me habilitó a elegir entre diversas líneas teórico-clínicas, que dan lugar a un diálogo interesante, poco dogmático y libre de las ataduras que las transferencias con determinado docente-analista y supervisor de una misma sociedad propicia, con el empobrecimiento y falta de pluralidad concomitantes.

Las oportunidades clínicas que nos otorga la virtualidad posibilitan permanentemente el crecimiento de cada analista en formación, así como de los analistas titulados, puesto que los informes de los casos, así como las discusiones de los mismos, enriquecen la clínica de cada miembro, desligándonos a unos y otros de una suerte de "lealtades" que empobrecen la capacidad de desarrollo de cada profesional.

Intentaré transmitir las resonancias y ecos con respecto a mi experiencia de supervisar de manera virtual. El psicoanálisis hace uso de la palabra y la escucha, ambas permiten infundir ritmo y movimiento a los procesos analíticos y vislumbrar la emergencia del inconsciente, sin necesidad de que los cuerpos estén presentes. Esta premisa ha sido por demás satisfactoriamente demostrada tanto en mi práctica clínica virtual como en mi experiencia de supervisión bajo el mismo formato. La escucha y las palabras han migrado y regresado con resonancias sumamente positivas.

La virtualidad, para los analistas, ha ampliado las opciones de elección, al permitirnos elegir entre una variedad de posibles supervisores que pueden acompañar nuestro trabajo, eliminando barreras geográficas y favoreciendo elecciones exogámicas respecto a nuestras asociaciones pertenecientes.

Esta elección conlleva una mayor libertad en términos de diversidad y produce efectos más enriquecedores en términos de intimidad. Esto es especialmente relevante debido a las dinámicas y sensaciones disruptivas que pueden surgir, como las transferencias cruzadas en las asociaciones psicoanalíticas, donde el número de analistas didactas para desempeñar dicha función suele ser muy acotado.

> *Como analista en formación, descubrí que el dispositivo de supervisión es una herramienta imprescindible y que realizarla* on-line *no altera la esencia de lo que una supervisión psicoanalítica representa. Favoreciendo el acceso a diferentes modos de pensar el proceso de la cura, posibilita ampliar los márgenes de las experiencias que promueven y estimulan diferentes lecturas bibliográficas que nos conducen al sostenimiento y compromiso de nuestra tarea dentro del proceso singular que nos interpela.*

Estos pocos párrafos elegidos entre los muchos que han circulado son un vivo y elocuente testimonio de las vivencias que transitan los analistas en formación. Escuchar sus voces cercanas a la experiencia quizás nos permita la posibilidad de investigación en psicoanálisis tomando en cuenta otras legitimidades, las de la escucha por ejemplo.

Mucho se habló del temor de los analistas en formación de relatar sus desventuras, del temor a la censura y la exclusión. También se subrayó en variadas ocasiones el coraje de aquellos que se animan a sostener un cuestionamiento. La pregunta es si las instituciones tendrán el coraje de transformar y trans- formarse acorde a lo que sus miembros estiman necesario. Quizás la apuesta, el desafío es hacer de los obstáculos, herramientas; y tomar de la herida que dejó la pandemia, un resto "asimilable" en la forma de nuevas perspectivas para la formación psicoanalítica.

¿Escuchamos sus actuales problemáticas?

En este tiempo en el que la virtualidad nos empujó a transitar nuevas experiencias en la transmisión del psicoanálisis se hace evidente lo planteado por Freud en los *Nuevos caminos de la terapia psicoanalítica* (1919 [1918]) acerca de la importancia de "adaptar nuestra técnica a las nuevas condiciones".

Se han expresado prevenciones y cuestionamientos acerca de cómo garantizar la eficacia psicoanalítica en el dispositivo *on-line*, bienvenida sea la investigación, pero, ¿acaso hay forma de garantizar la eficacia psicoanalítica en la intimidad de cada consultorio, aún en la presencialidad?

Entonces, ¿qué define que una práctica sea psicoanalítica o no?

La experiencia de los últimos años ha demostrado que para conseguir los cambios de posición a los que aspira un análisis de ninguna manera es necesario circunscribirse exclusivamente al encuadre tradicional instituido hace tantos años. Las bondades del método psicoanalítico soportan los cambios de encuadre que las circunstancias presentan.

Estas novedades apoyarían lo que Lacan enunciaba muy tempranamente: "un psicoanálisis [...] es la cura que se espera de un psicoanalista" , poniendo el peso y la responsabilidad del lado de la posición del analista conforme a su convicción, formación y deseo. En aquel entonces el tema controversial eran cuestiones que hacían al tiempo (de las sesiones, por ejemplo), situación que determinó exclusiones y rupturas. Hoy podemos aplicarlo a las restricciones espaciales, que comprenden en qué espacio transcurre la sesión (por ejemplo, el ciberespacio), o cuestiones espaciales en términos geográficos, no menos importantes, como es la distancia de las asociaciones en las cuales es posible formarse.

El trípode remoto ha transformado muros en ricas fronteras desde las cuales se tienden puentes que conectan a analistas de diversas latitudes, con intereses, formaciones y problemáticas diversas y ha permitido compartir las encrucijadas a las que nos vemos enfrentados, así como comprender la complejidad y riqueza de nuestra región, enriqueciéndonos mutuamente. La formación a distancia, saldo novedoso de apertura, que paradógicamente nos dejó el encierro de la pandemia, también ha permitido, en un ejercicio más democrático, formarse como analistas a aquellos que viven lejos de los grandes centros que albergan a las asociaciones y ha posibilitado salidas exogámicas, no solo a los que se forman en sociedades de muy pocos miembros, también a aquellos que desean conocer y enriquecerse más allá de las fronteras. Es que las fronteras no son sólo geográficas, el conocimiento y la apertura, implica también ir más allá de las fronteras subjetivas. En relación a los obstáculos y aperturas que se dieron en las supervisiones *on-line*, hubo consenso en permitir las supervisiones a distancia, transformando los límites y fronteras en posibilidades y lazos entre analistas de diferentes confines. El aporte tanto de los analistas en formación como de los supervisores, a través de sus experiencias, permitió profundizar en la necesidad de revisar este tema tan actual. Surgieron propuestas tales como cuatro supervisiones de un año cada una, en lugar de dos, poder revisar toda la clínica del analista en formación y no un solo paciente. La propuesta que tuvo más insistencia fue la necesidad y deseo de elegir un supervisor.

Es necesario repensar, reflexionar y escuchar estas vivas voces, para que todo este trabajo tan arduo no quede en un mero decir, sino que dé lugar a cambios en una apuesta a un psicoanálisis en movimiento acorde a las nuevas encrucijadas epocales. Ya no deberíamos pensar en dar la bienvenida al coraje de decir de los analistas en formación sino al coraje de las instituciones de propiciar las transformaciones necesarias para un psicoanálisis vivo.

3. Controversias y paradojas en torno al llamado análisis didáctico[1]

Cecilia Teodora Rodríguez

Introducción

Las controversias y paradojas relacionadas con el análisis dentro del trípode de la formación psicoanalítica han sido recurrentes a lo largo de la historia del movimiento psicoanalítico y su transmisión.

No queda al margen de esta reflexión el hecho de que el lazo social dentro de las instituciones psicoanalíticas tiene la característica de estar usualmente configurado por vínculos transferenciales entre sus miembros, constituyendo por tanto el análisis, una piedra angular de la institución. Esto hace aún más delicado, y a la vez necesario, el trabajo de reflexión permanente sobre el análisis que en el marco de la institución se complejiza en el entrecruzamiento de la clínica psicoanalítica y la política institucional. Sumando además la tensión permanente entre lo instituyente y lo instituido.

Recientemente, las controversias acerca del lugar que seguirá teniendo el análisis remoto en la formación psicoanalítica deja clara esta tensión entre la tradición y la innovación, dando espacio a

---

1 Texto que tomó forma a partir de los diálogos y debates de encuentros de institutos, reuniones con directores de instituto y debate abierto, 2022-2023.

controversias que de algún modo actualizan otras que en el curso de la historia se han dado en la vinculación entre análisis e institución.

Controversias históricas a la luz de nuestros días

En 2020, a partir de la irrupción de la pandemia de Covid-19 que entre muchas otras cosas nos orilló de modo ineludible al trabajo remoto en la formación psicoanalítica, inició una experiencia colectiva en la que cada uno de los ejes del trípode de la transmisión del psicoanálisis dio espacio a consideraciones muy diversas. Entre ellas hemos podido constatar que el análisis ha sido el eje más problematizado.

Desde hace años el análisis remoto ha sido foco de estudio y discusión sobre la especificidad del campo analítico mediado por dispositivos tecnológicos que posibilitan formas de encuentro que trastocan espacio y tiempo, dando lugar a una forma de presencia insólita a finales del siglo pasado.

Testimonios, actividades científicas y literatura psicoanalítica dan cuenta de su eficacia en términos generales, pero en el campo de la formación psicoanalítica se han dado fuertes discusiones sobre su pertinencia y sobre las implicaciones de esta práctica en la transmisión de psicoanálisis. ¿Qué efectos tiene esta modalidad en la transmisión del psicoanálisis?

Los puntos de vista han sido muy polarizados y contradictorios, pero es un hecho que lo que concierne a los análisis *didácticos* conlleva a perspectivas muy diversas. Ahora, y a partir de la pandemia, todos hemos vivido la experiencia de los analisis didacticos mediados por dispositivos tecnológicos. Analizando o analizándonos, y esto ha sido detonador para seguir profundizando en un campo que para muchos colegas resultó nuevo en su práctica, mientras que para otros era parte de la suya aunque no concierna al campo institucional, salvo en circunstancias consideradas mas bien como excepcionales.

Ha sido muy enriquecedor escuchar distintas perspectivas en las actividades interinstitucionales que han tenido lugar en estos años de transición entre presencial, remoto y la combinación de ambas modalidades en distintas medidas. Tema que se ha vuelto central en lo que concierne a porcentajes legitimados institucionalmente en esa combinación.

Lo que es un hecho es que el paso de lo excepcional a lo habitual nos puso frente a nuevos horizontes en los que la polémica y debates acerca del lugar que seguirá teniendo el análisis remoto en la formación psicoanalítica y las políticas al respecto ha sido fuente de importantes controversias.

Puede plantearse que los debates y desacuerdos recientes acerca del teleanálisis en la formación psicoanalítica son la *punta del iceberg* cuyo fondo es un gran entramado en el que el entrecruzamiento entre la clínica psicoanalítica – el análisis – y la política institucional se articulan de un modo complejo, y a veces incluso contradictorio.

Los análisis, cuando llevan el adjetivo *didáctico*, marcan la especificidad de estos procesos que incluyen los efectos subjetivantes de la propia institución. Y es precisamente con respecto a los efectos de lo *didáctico* en un proceso analítico que históricamente se han sostenido importantes controversias que dividen las aguas entre analistas.

Controversias que, en el contexto actual, partieron de la siguiente cuestión: Si desde hace años los avances tecnológicos que han entrado al campo del psicoanálisis han mostrado su eficacia, si incluso muchos colegas, por razones diversas, tienen en su práctica análisis "remoto", si como hemos podido saber por múltiples testimonios en el curso de estos últimos años, muchos analistas – también entre quienes ejercen la función didáctica – se reanalizan o se han reanalizado por este medio, entonces, ¿qué inquietudes se abrieron cuando se trata del análisis de los analistas en formación?

Ha sido muy claro que la preocupación sobre la cualidad de la transmisión del psicoanálisis está en el centro del debate. Pero antes de abordar lo que concierne a esta distinción entre un análisis en el marco de la institución y cualquier otro análisis, es necesario salir de la generalización subrayando un punto fundamental que ha sido planteado por diversos autores, y que ha sido retomado y discutido en muchos de los diálogos interinstitucionales que hemos organizado.

En términos generales, el encuadre en el que se despliega un análisis es conveniente, o no, de acuerdo con las características y problemáticas del analizando. Y, por supuesto, también con relación al analista. Esto incluye ahora lo que concierne al encuadre de un análisis mediatizado por recursos tecnológicos.

Aunque hablemos en términos generales de "análisis remoto", resulta importante tener en consideración que las posibilidades de encuentro en el campo analítico mediado por dispositivos tecnológicos constituyen variantes importantes. Escuchamos muchos testimonios en los que los análisis se llevan a cabo a través de la pantalla, pero usando diván. Otros pasaron del diván al cara a cara al usar pantalla. Algunos se encuentran con cámara y luego siguen con pantalla apagada. Las sesiones que son por teléfono implican un campo distinto en cuanto a que la escucha del analista prescinde incluso de la mirada. ¿Es posible la generalización con tantas variables? Y esto sin contar los escenarios inéditos en los que pantalla mediante – o teléfono – se encontraban analista y analizando, *dando lugar* a experiencias analíticas en las que se abrió un campo a ser trabajado metapsicológicamente.

Ya no se trata de presencia y ausencia, con lo constitutivo que esto tiene en los movimientos psíquicos y procesos simbolizantes. Se trata ahora de presencia *en* ausencia, en un campo analítico que tiene su propia especificidad, la cual podrá ser mayormente comprendida y estudiada en la medida en que no se vea reducida a ser solo un sustituto del trabajo presencial.

Por lo pronto, todas estas modalidades anteriormente descritas fueron recursos en los análisis – obviamente, también en los de formación – a partir del 2020. ¿Dejaron estos últimos de ser experiencias analíticas? ¿Dejaron de ser formativas? ¿Eso no podría determinarse en el caso a caso?

La experiencia de los analistas en formación ha sido fundamental para dar cuenta del proceso de transmisión en estas condiciones.

Los testimonios de supervisores, y nuestra propia experiencia supervisando durante este tiempo, posibilitan ver el modo en el que los analistas en formación han trabajado con sus pacientes, sosteniendo los invariantes del método psicoanalítico ahora en formatos no presenciales. O pudiendo visibilizarse los obstáculos para ello.

De aquí surge que en general, más que plantear la eficacia del uso de los dispositivos tecnológicos, es el modo de usarlos lo que les da la posibilidad de ser importantes "herramientas" en el campo analítico, Y como toda herramienta, depende de la habilidad, habilitación y destreza de quien la usa. ¿Es posible pensar que la formación psicoanalítica, ante los horizontes que se han abierto, incorpore elementos para "habilitar" mejor a los analistas en el trabajo mediado por recursos tecnológicos, cada vez más solicitado en nuestro tiempo? ¿Es factible incorporar a los planes de estudio bibliografía concerniente al análisis *remoto*? ¿En que medida la supervisión continua de análisis conducidos con teleanálisis, o en combinación de análisis presencial y sesiones remotas contribuye a profundizar sobre una práctica y sus bordes? ¿Qué tanto pueden considerarse formativas estas experiencias? Sin duda lo han sido. Al menos esto puede afirmarse a partir de la experiencia de muchos colegas analizando, analizándose y supervisando casos clínicos conducidos remotamente en este tiempo en el que era ineludible hacerlo así.

Analista, analizante/didacta, candidato

Ha sido claro que las consideraciones sobre la efectividad de los análisis a distancia parecen no ser las mismas cuando se trata de los análisis de quienes quieren ser analistas.

¿Cuál es la diferencia de estos análisis que necesitan de un analista legitimado por la institución para conducirlos? ¿Requieren una escucha distinta?

En este punto se articula la discusión actual sobre el análisis mediado por recursos tecnológicos, en los que se reconoce su eficacia, pero que los análisis didácticos han implicado puntos de vista totalmente contradictorios, incluso entre analistas que ejercen la función didáctica.

La pregunta apunta a conceptualizar la diferencia que se plantea entre un análisis didáctico y un análisis *sin apellido.* Diferencia que por un lado se considera que no existe, o que no debería existir, mientras que, por otro, se la defiende aguerridamente.

Se actualiza así la discusión que históricamente ha dividido los analistas. Todos formados en el el API y todos habiendo transitado por los análisis didácticos durante su *formación.*

Por un lado, están quienes consideran que el análisis, durante la formación, no debería ser distinto a cualquier otro. Es decir, que la experiencia analítica, también en los análisis de quienes desean ser analistas, deberían llevarse a cabo únicamente con las *reglas fundamentales del método psicoanalítico*, que nada tienen que ver con los reglamentos institucionales.

A su vez, y en contraste con esta posición, están quienes consideran fundamental *lo formativo* de la injerencia institucional con sus reglamentaciones en los encuadres y marcos institucionales en los que esta experiencia analítica se lleva a cabo.

Es justo entre estas dos posiciones que podamos situar un punto nodal de las controversias en lo que respecta a la *formación*. Palabra que en sí misma ha sido parte de la polémica, que como piedra de Sísifo implica enormes esfuerzos para ser movida, para caer nuevamente en el mismo punto, lo que lleva otra vez a un movimiento, en este caso discursivo y conceptual, que se repite, aunque a la luz de cambios epocales.

Análisis de formación/análisis durante la formación

Análisis de *formación*, o análisis *didáctico*, para muchos alude al contexto académico, a un recorrido que marca un punto de llegada en un proceso que se plantea como formativo. El riesgo, de acuerdo con quienes se inclinan por la primera posición – la de que el análisis *durante la formación* debe ser como cualquier otro análisis –, es que dicho análisis pierda su especificidad, al verse atravesado por una intención didáctica, haciendo con esto obstáculo a la experiencia analítica.

Formar, de acuerdo al *Diccionario de la Real Academia Española*, significa "Dar forma a algo", y da como sinónimos "moldear, modelar". Formación, entonces, alude a un ideal de analista "formado", "modelado". En esta línea de pensamiento, la preocupación gira en torno a las implicaciones de tomar un ideal como modelo. Modelar de acuerdo con un molde en el que puede resultar difícil sostener la singularidad en la serie de identificaciones institucionales que se configuran desde lo didáctico de estos análisis en el curso del proceso de formación.

En contraste con la idea de *formación* está la de *transmisión*. En esta última se subraya la experiencia que se abre al transitar por un proceso analítico, en el curso del cual el propio trabajo con las formaciones del inconsciente va generando transformaciones de las que puede advenir un analista cuando esta experiencia se entrelaza con un programa de seminarios, y la experiencia clínica del analizante en la conducción de sus casos supervisados. Más que una *formación* psicoanalítica, en el sentido de "dar forma", es la experiencia a partir de las *formaciones del inconsciente,* y sus vicisitudes, que se considera el efecto de transmisión que se potencializa cuando dicha experiencia se entrelaza con supervisiones de la propia práctica, y los seminarios.

El nombre mismo de la *Comisión de Formación y Transmisión del psicoanálisis de la Fepal* articula las dos posiciones paradójicamente contradictorias y complementarias, y en las que, con respecto al análisis didáctico, este se complejiza en la permanente tensión de lo que se juega entre la subversión del deseo y la adaptación a la institución.

La delicada vinculación entre ambos significantes es la obligatoriedad que impone una formación estandarizada institucionalmente y como parte de un programa de formación, a la vez que se promueve una transmisión en la que el deseo de análisis pulse la experiencia en la que *devenir psicoanalista* se juega en singular.

Vemos entonces la enorme diferencia que existe en dos modos de referirse al análisis de quienes ingresan a los institutos con el deseo de trans*formarse* en analistas. Diferencias que conllevan posiciones muy distintas en las discusiones actuales, y que derivan de ellas.

Análisis *durante* la formación, o análisis *de* formación.

El primero, acentuando la especificidad de un análisis durante la formación; y el segundo, acentuando la idea de que el análisis mismo es formativo.

El primero, apuntando a la confianza en el discernimiento del analista en la dirección del proceso; y el segundo, confiando al analista las reglamentaciones institucionales.

Análisis e institución: tradición y contradicción

De todas las actividades llevadas a cabo por la Comisión de Formación y Transmisión del Psicoanálisis, una de las más controvertidas y en la que se hicieron patentes importantes malestares institucionales fue el

XXI Encuentro de Institutos, un evento con muy alta participación tanto de analistas como de analistas en formación.

Desde el título planteamos el abordaje de contradicciones en el sentido de antagonismos y oposiciones en lo que se refiere al tema análisis y institución, pero también en lo que respecta a la contra-*dicción* en el sentido de lo no dicho, de lo que no se habla o se habla poco en los encuentros científicos, cuando es precisamente lo que posibilita visibilizar malestares y problemáticas con las que tropieza la transmisión del psicoanálisis en cuanto a los análisis didácticos.

Entre las contradicciones, pudimos escuchar los planteamientos de colegas que consideran que el análisis didáctico contradice la esencia misma del análisis. Eso en virtud de que, al estar atravesado por una didáctica, esta opera como factor contaminante, que puede incluso producir un *enactment* crónico que obtura el despliegue del proceso analítico del modo en el que este se lleva a cabo cuando no hay una institucionalización del deseo. Aunque este deseo sea el de convertirse en analista.

En esta línea se plantea que no es raro escuchar testimonios de analistas que encuentran más fértiles sus períodos de análisis previos o posteriores al didáctico. No es raro tampoco escuchar testimonios que dan cuenta de baluartes que, en estos análisis, dificultan analizar lo que concierne a la institución, y que sea precisamente esto lo que muchos anhelan en la posibilidad de analizarse fuera de la institución de pertenencia. Sobre todo, en sociedades en las que el riesgo de endogamia dificulta muchas veces el despliegue singular de sus miembros, resultando a la vez más entrecruzadas las redes transferenciales dentro del grupo. Situación que a veces se ha dado por circunstancias tales como la de haber muy pocos didactas en una asociación.

Lo que resulta paradójico en esta perspectiva es que precisamente el análisis, que está pensado como un fundamento en el proceso de advenir como analista, en el atravesamiento de lo didáctico y la organización jerárquica – con el poder que eso implica en los contextos grupales –, sea el que para muchos colegas implique la dificultad en aquello que se pretende lograr: la transmisión del psicoanálisis. Y en ese sentido, como en el modelo francés, algunos institutos, muy pocos en Latinoamérica, ven como algo favorable el análisis fuera de la propia institución.

Como sea, en los diálogos sostenidos entre 2020 y 2024, este es un tema que estuvo muy presente, y encontramos que desde hace mucho está muy presente también en la bibliografía sobre los análisis didácticos.

Otra posición, totalmente contradictoria a esta que plantea lo didáctico de un análisis como obstáculo en el proceso de advenir como analista, es la que considera imprescindible la función *didáctica* al sustentarse el análisis de formación en el marco de una institución. Lo didáctico, desde esta perspectiva, se ve como la habilitación de un analizando que desea ser analista, a través de un proceso en el que dicha habilidad es transmitida, generación tras generación, por un didacta. Y, generalmente, didactas que hacen parte de la filiación de la propia institución. Así, con este análisis se inaugura el proceso en el que se inicia como candidato, luego analista adherente, titular y, finalmente, didacta. Esto para quienes desean hacer carrera institucional, dado que hay analistas que no se interesan para nada en ejercer la función didáctica.

Por otra parte, el tema del analista didacta, como categoría vitalicia, ha sido también centro de polémicas y debates. Resultado de esto es que en muchos institutos "ser didacta" ha dejado de considerarse una categoría – que en muchas sociedades solía ser vitalicia – y reconocerse más lo didáctico como una función que se ejerce. Esto tiene importantes consecuencias.

Por otro lado, mucho se ha trabajado también en lo que se refiere a advenir como analista a través de la identificación con un didacta o a la identificación con una función. La identificación se vincula a la identidad. Identidad analítica, identidad institucional. Identificación con un grupo. En la transmisión del psicoanálisis se transmite también una filiación. En esto es importante lo que concierne a los efectos subjetivantes de la pertenencia institucional, y en esa pertenencia, que suele hacer parte de la identidad, son difíciles los cambios.

Esta postura, que encontramos que es la más común, se sostiene en posiciones ejemplificadas con la siguiente viñeta:

> *Se necesitan reglas y normas en el análisis didáctico. Es esta la especificidad de que estos análisis se lleven a cabo en el marco de una institución que, por otra parte, es la que habilitará y legitimará al analista como tal, en un proceso que inicia con el didáctico, y en el curso del cual, con los años, el mismo podrá llegar a ejercer esa función.*

Así, por un lado, encontramos nuevamente la posición de que el análisis durante la formación no debe ser distinto a cualquier otro, considerando la relevancia de la desregulación del mismo, mientras que, por otro, hace de la regulación institucional fundamento imprescindible en la formación psicoanalítica.

Cabe comentar que en el debate *Análisis e Institución*, la sola idea de desregulación de los análisis durante la formación pareció incluso escandalosa para algunos colegas.

Entendemos que no es el todo vale, sino que la función analítica, los limites éticos y las reglas del método psicoanalítico sostienen la especificidad del análisis desde esta perspectiva. No las reglas institucionales.

El análisis didáctico o de formación se suprimió en el modelo francés. Esto en base a la consideración de que solo hay un análisis, el personal, y que debe respetarse una estricta separación entre el análisis personal y la formación.

Dicho modelo, que también se enmarca en la filiación dell API, da lugar a analizarse fuera de la propia institución con el analista que elija quien quiera analizarse, sin necesidad de que este se encuentre investido institucionalmente por el instituto para ejercer una función de transmisión, sino simplemente reconocido como analista.

Probablemente, porque en Latinoamérica es menos conocido el modelo francés, aceptado también por el el API, el planteamiento del análisis al margen del instituto de pertenencia puede resultar bastante lejano de las discusiones de muchos institutos, y incluso inquietante, como hemos podido constatar en diversos diálogos interinstitucionales.

Resulta claro que la institución es parte fundamental en la transmisión del psicoanálisis, aunque lo que parece estar siempre en permanente tensión, cuando se trata del análisis *de* formación, o análisis *durante* la formación, es lo que respecta a lo que se transmite, no del psicoanálisis, sino de la institución.

En esto va implícito que la formación conlleva también aspectos de la institución que muchas veces se consideran como parte de una identidad grupal, lo que implica el riesgo de dificultar la singularidad necesaria para el advenimiento del analista. Lo subversivo en el campo de la institución ¿podría pensarse con subvertir lo establecido? Generalmente esto topa con dificultades inherentes al campo institucional, cuando por un lado hay un empuje hacia las transformaciones, muchas veces impulsadas por las nuevas generaciones, y por otro un empuje contrario que intenta preservar, conservar el *statu quo.*

Es importante señalar que las diferentes perspectivas han sido planteadas por analistas de amplia trayectoria en el campo de la transmisión del psicoanálisis.

El tema de la desregulación del análisis de los analistas en formación, en este período, se centró particularmente en la desregulación en el uso de dispositivos tecnológicos en los casos de análisis en los que esto sea necesario. Esto considerando la experiencia en la que, por casi tres años, tras el acontecimiento del 2020, los análisis fueron conducidos del modo en que para cada dupla fue posible, y en la medida en la que el retorno a lo presencial se fue dando en el curso del control de la pandemia.

Hasta donde pudimos darnos cuenta, la mayoría de los analistas en formación volvieron al análisis presencial, pero no han sido pocos los casos que en que eventualmente se solicitan sesiones de teleanálisis. Esto puede trabajarse en el campo transferencial, como cualquier otra circunstancia que irrumpa en el encuadre acordado entre analista y analizante. Pero también se han dado casos – y en esto estriba la polémica – de quienes, dentro del encuadre acordado, han establecido algún porcentaje de teleanálisis. Cuál es el encuadre mínimo legitimado institucionalmente es lo que ha hecho parte de acaloradas discusiones en este período. Sobre todo, a partir del 2023.

La clínica psicoanalítica se conjuga en singular

En relación con las posiciones tan contradictorias en lo que respecta al tema del análisis didáctico, todos hemos tenido la experiencia de haber transcurrido por análisis de formación y muchos incluso ejercemos la función didáctica, por lo que cuestionar y profundizar en la especificidad y problemáticas de este campo es una responsabilidad enorme, con los analizados y con nuestras instituciones.

Lo que se juega entre lo instituido y lo instituyente, idealmente, debe sostener la capacidad crítica y creativa en la que la singularidad no se estrangule en el ideal que se vuelve imperativo. Es el riesgo, advertido por muchos colegas, de que los divanes no se conviertan en "lechos de Procusto".

Lo que ha sido más que claro es que cada uno de los encuadres en los que se despliega el análisis, inclusive el de los analistas en formación, tiene su razón de ser en cada caso, y en lo que respecta al teleanálisis esto también es así. Sabemos que incluso el uso del diván no es apropiado para todos los casos, y es común que algunos analizandos, después de trabajar con otros encuadres, puedan, entonces sí, llegar al diván. Esto puede incluso ser efecto de transformaciones dentro del proceso analítico que posibilitan este formato.

Quizá desde ahí hay algo de los análisis y sus estándares que se ponen en juego desde el ingreso de los aspirantes a formarse como analistas. El instituto establece sus regulaciones para el análisis, y quien no se adecue a ellos no puede formarse. Por ejemplo, quien no pueda sostener un análisis con una frecuencia de al menos tres sesiones semanales. Aunque muchas veces, la dificultad de adecuarse depende de factores económicos, o geográficos.

Pero en general, sabemos que hay problemáticas clínicas en las que el análisis a distancia no resulta adecuado y otras, según varios testimonios de colegas, abrieron la posibilidad a casos que de otro modo no habrían llegado al consultorio.

Para una gran mayoría de colegas – como pudimos ver en los múltiples diálogos que organizamos –, no se trata solamente de la cualidad de un dispositivo analítico, sino de la singularidad de los casos. La pertinencia de su uso es parte de la conducción de un proceso analítico, y es responsabilidad del analista que implementa el encuadre saber si este es apropiado o no, para cada uno de sus analizantes.

Está de más decir que saber cuando el uso de este recurso es resistencia, o motor del proceso analítico es algo que, como en muchas otras circunstancias, puede dilucidarse en el proceso mismo. Lo que ha sido claro es que en muchos casos se posibilita un análisis que de otro modo no podría tener lugar, y que como recurso no se trata solamente de una segunda opción en la imposibilidad de la primera, sino de un recurso que abre un campo a considerar en si mismo, y sobre el que a partir de la propia experiencia, muchos colegas se han interesado en profundizar en su especificidad.

Regulación o desregulación del análisis en la formación psicoanalítica

Ahora bien, en el caso del análisis de los analistas en formación, es de gran relevancia lo que concierne a su encuadre, que desde hace mucho se ha constituido en el foco de muchas polémicas. Encuadre que ha sido determinado por estándares de lo que en una época determinada se considera apropiado.

Anteriormente, la polémica giró en torno al número de sesiones semanales "requeridas" en un análisis didáctico para ser legitimado como tal. ¿Puede afirmarse que fue mejor analizada la generación que se analizó cuatro o cinco veces por semana que la que se analiza con una frecuencia de tres?

Una de las contradicciones resulta la ilusión de una garantía que desde lo cuantitativo pueda dar cuenta de lo inconmensurable de un proceso analítico.

Sin embargo, esto es parte de los fundamentos en los que se encuadran los análisis en el trípode. Fundamentos que para muchos colegas deben revisarse conforme a los cambios epocales, dejando margen a lo provisorio de los mismos y enfatizando en el valor de la argumentación por encima de la tradición.

Ahora la polémica se trata de cuántas sesiones presenciales deben tenerse dentro de un porcentaje considerado como mínimo aceptable en la combinación entre remoto y presencial.

Y tras una labor de investigación inmensa llevada a cabo por el grupo de trabajo *Psicoanálisis en Tiempos Contemporáneos*, finalmente, en la búsqueda de establecer un lineamiento mínimo, se hizo un cálculo matemático para determinar que este lineamiento fuera el 25% de sesiones presenciales:

- 1 año al 100% + 5 años al 10% = 150%
- 150/6 años = 25% de media

La lógica fue la siguiente:

> *Acordamos que el porcentaje debería ser del 25%. Con esto, no estamos inventando una nueva práctica, sino trabajando a partir de una base de normas existentes, tal y como se formula en la normativa del Código de Procedimiento del API sobre "Análisis a distancia". El código actual no formula un porcentaje global para todo el análisis, pero un simple cálculo nos lleva a esta cifra del 25%.*
>
> *En el requisito 6b de la sección "Análisis a distancia", el primer año es presencial, tras lo cual los años siguientes pueden ser* on-line, *excepto un mes de cada año, que debe ser presencial: esto suma aproximadamente un 10%. Si suponemos que el análisis dura seis años, el porcentaje mínimo global en persona puede calcularse entonces así".*

No está de más decir que esto ha generado también enormes desacuerdos a nivel, no solo regional, sino intercontinental. Ha resultado difícil logar acuerdos, lo cual es comprensible.

Las diferencias entre regiones son grandes. También las diferencias entre contextos institucionales. Dentro de Latinoamérica hay distintas perspectivas al respecto.

Parece claro que al considerar el análisis "a distancia" de modo general, se pierde la riqueza y complejización de sus múltiples variables, y también de las dificultades y desafíos de cada una de ellas.

Todas las variantes entre los dispositivos tecnológicos en el campo del análisis fueron implementándose desde hace décadas por analistas en respuesta a casos que por diversas razones así lo han requerido. La clínica y sus problemáticas interpelan continuamente al psicoanálisis. No dar lugar a esto llevaría a un anacronismo en nuestra *praxis*.

Lo que ha sido claro es que las razones para incluir el trabajo remoto en la formación psicoanalítica no se circunscriben únicamente a la situación de pandemia, sino que la anteceden, como hemos podido saber a partir de los testimonios recogidos en las actividades que como comisión llevamos a cabo.

Entre estos antecedentes son sumamente relevantes los que conciernen a la fuerte migración que existe en Latinoamérica, y que es una razón por la que numerosos colegas han tenido que recurrir al análisis "a distancia" desde mucho antes de la pandemia. Razones muy importantes para considerar, entre otras que marcan la especificidad del contexto latinoamericano, con las particularidades de la clínica psicoanalítica y sus desarrollos en nuestra región, con lo que esto aporta al resto del mundo.

Es un hecho que en el curso de esta experiencia en la que todos analizamos y nos analizamos *on-line*, que supervisamos o fuimos supervisados, el diálogo, estudio y discusiones dentro y entre instituciones fue dando lugar a profundizaciones, elaboraciones, consideraciones y un trabajo importante tanto en el campo de las actividades científicas como en el de los debates sobre política institucional.

A partir de innumerables testimonios de supervisión ha sido claro que, en cuanto al análisis mediado por dispositivos tecnológicos, las dificultades en el campo de la transmisión del psicoanálisis, como en cualquier otro análisis, han sido por dificultades del caso, y a veces incluso por las dificultades del analista para trabajar en un modo que para muchos era nuevo, e incluso resistido.

> *Yo no trabajo a distancia porque no sé. No tengo experiencia en ello y de pronto tengo que trabajar así. Tampoco soy muy hábil con la tecnología. Es un cambio muy fuerte.*

Algunos testimonios como este dan cuenta de que para muchos colegas, ente ellos didactas, la situación del paso ineludible al trabajo "remoto" implicaba un desafío muy grande. Es comprensible que la perspectiva hacia este modo de análisis esté atravesada por la experiencia personal. Y seguramente es un porcentaje menor de los analistas en función didacta que han vivido como analizandos esta experiencia.

Las generaciones que están ingresando en la segunda década del siglo XXI viven en un mundo distinto al de sus analistas, formados algunos en las últimas décadas del siglo pasado.

Los cambios son cada vez más vertiginosos y ahora la tecnología hace parte de la vida cotidiana en las grandes urbes, pero también es importante tener en cuenta que las nuevas generaciones están atravesadas de un modo distinto por la tecnología y los efectos subjetivantes que se van produciendo en el contexto de las transformaciones socioculturales.

Presencia en ausencia: más allá de la lógica binaria

Tal como ha sido planteado por muchos colegas, el contraste entre el análisis tradicional, en presencia física, y el teleanálisis, en presencia no física, no puede reducirse a un binarismo entre uno y otro. Esto implica también considerar que el teleanálisis no es solamente un recurso de menos valor que el del trabajo en el consultorio, sino que se trata de la especificidad de experiencias que, desde hace tiempo, han convocado a ampliaciones metapsicológicas y técnicas. Y en este sentido, sabemos que se trata de un recurso invaluable que surge ante la clínica contemporánea.

De hecho, ¿no es más bien que responde a ella?

Hemos podido detectar que la preocupación de muchos colegas es que, en el intento de regular y estandarizar porcentajes en relación al uso del trabajo remoto en los análisis de los analistas en formación, se dejen de lado las consideraciones sobre los efectos subjetivantes de la transmisión del psicoanálisis en una modalidad que era impensable hasta finales del siglo XX.

En esta forma de presencia *en* ausencia, el punto central en el que se ubica el foco de las consideraciones clínicas actuales es la relevancia del cuerpo en un espacio compartido. Es decir, el prototipo de análisis que por más de un siglo se transmitió de generación en generación.

No podemos ignorar el contexto y lo que atañe a los aspectos socioculturales en los que estamos inmersos, sin embargo, hemos podido constatar que muchos colegas apenas se sumaron a estas discusiones acerca del trabajo "a distancia" a partir del 2020.

Entonces, lo que queda por aceptar es la controversia y las contradicciones que hacen parte de paradojas insorteables que han denotado ser efecto insoslayable del movimiento psicoanalítico, en lo que respecta a la institución.

Problemáticas en el campo del análisis didáctico

Además de poner a trabajar las controversias con respecto al análisis y institución, también dimos cabida a las contra*dicciones*. Es decir, lo que no se dice o no se puede decir, comúnmente, en espacios de actividad científica.

Para esto, invitamos al XXI Encuentro de Institutos, donde se plantearon algunas situaciones comunes vividas por analistas en formación, representadas en viñetas con importantes problemáticas en el campo de la transmisión. Las viñetas fueron tomadas de un testimonio colectivo de analistas en formación, testimonio que, a través de una de las presentaciones en el panel, dio voz a analistas en formación de Chile, Argentina, Venezuela, México, Paraguay, Brasil, Panamá y también de ILAP.

> *Prácticamente, no tuve la oportunidad de elegir a mi analista. Fue una decisión por descarte, ya que eran muy pocos didactas en mi sociedad entonces ya estaban copados o eran mis supervisores. Pedí alternativas para que pudiera elegir analistas externos, pero no fue aceptado, entonces no había otra opción si quería continuar mi formación; fue muy frustrante en ese momento.*

En esa misma línea, otra experiencia:

> *Tuve compañeros que tardaron más en aumentar la frecuencia de las sesiones, muchas veces ocurría que el analista no tenía horas, entonces era más difícil empezar el análisis didáctico y esto generaba malestar.*

Estos casos ejemplifican situaciones comunes, sobre todo en sociedades de pocos miembros. El hecho de no poder elegirse analistas externos a la propia institución es algo común, y que, a la luz de las posibilidades de trabajo remoto, volvió a surgir como un tema importante. ¿Es posible aprovechar este recurso a favor de la transmisión del psicoanálisis? Sabemos que no se trata solamente de las posibilidades de encuentro, sino de lo que en muchas ocasiones busca salvaguardar una identidad institucional.

Son innumerables las situaciones que nos han sido planteadas en el curso de estos años, considerando la manera en la que el trabajo remoto puede aportar si no queda circunscrito a circunstancias pandémicas, sino más bien considerando la especificidad del contexto Latinoamericano y lo que implica hoy formarse como psicoanalista. Pero también cuestionarnos si la formación es acorde a esta época, o si en la dificultad de movimientos institucionales se corre el riesgo de quedar sujetados a algo anacrónico.

Pero asimismo hay testimonios de directores de Institutos, entre los cuales destacamos el siguiente:

> *Somos una sociedad de pocos miembros, y la mayoría de edad avanzada. Los analistas en formación no tienen mucha opción para analizarse y supervisar. La posibilidad de que se acepte el análisis a distancia es casi una solución de supervivencia para nosotros.*

Este planteamiento contrasta con el siguiente:

> *El riesgo de que los analistas en formación de sociedades pequeñas se analicen fuera de ellas puede causar que estas no se consoliden en una identidad propia.*

Estas dos últimas viñetas muestran claramente que lo que para unos constituye una posibilidad de supervivencia, para otros, en cambio, representa una amenaza.

¿No es clara la dificultad de estandarizar medidas acordes a las distintas necesidades, sin el detrimento de lo que no cabe dentro de la estandarización? ¿Es la estandarización del encuadre lo que nos da la identidad como miembros del API? ¿No son claras las controversias y contradicciones que sostienen posiciones paradojales, haciendo necesaria una mirada que dé lugar a la complejidad inherente al campo de las instituciones psicoanalíticas?

Sin duda, para quienes ejercemos la función didáctica, esto convoca a una reflexión imprescindible.

¿Cómo nos ubicamos en el ejercicio de la función didáctica? ¿Cómo ejercemos esa función, tan controvertida, y en qué medida estamos *conscientes* de las tensiones inherentes a esa praxis? ¿Qué efectos tiene esto en el campo analítico con cada uno de nuestros analizantes? ¿En qué medida somos copartícipes de las reglamentaciones que nos enmarcan, o en qué medida suscribimos a ellas por obediencia acrítica?

Es enorme la responsabilidad que tenemos como analistas, y es enorme la responsabilidad de quienes asumimos ser parte del proceso de la transmisión del psicoanálisis a la siguiente generación. Contemplar las controversias, profundizar en la reflexión, hacer parte de los debates, escuchar a quienes se están formando y también a quienes piensan distinto son actitudes que pueden sostener la vigencia de un compromiso ético que nos implica.

4. Debate abierto, ¿y ahora qué? Trabajo remoto en la formación psicoanalítica

Cecilia Lauriña y Cecilia Teodora Rodríguez

> *"Celebro este debate de política psicoanalítica que se incluye dentro de un proceso de apertura permanente de las instituciones. Como todo proceso histórico de democratización, también tiene que alcanzar a las instituciones psicoanalíticas. Esto implica desligarnos de un superyó institucional y colectivo, que cambia el concepto de institución por el colectivo de miembros. Ya no somos los mismos de hace cien años, cuando la formación empezó a ser regulada por el instituto de Berlín. Celebro que Fepal tome la posta en este debate."*

Polifonía de voces latinoamericanas

En este capítulo "escucharán voces, ahora anónimas", que se alzaron en un debate sin precedentes en nuestras instituciones.

¿Y ahora qué?

En 2023, esa pregunta condensó las inquietudes de miembros y analistas en formación en torno al lugar que seguiría teniendo el trabajo remoto en la formación psicoanalítica y los lineamientos institucionales que se plantearían, una vez que la organización mundial de la salud decretara el fin de la pandemia.

¿Qué posición tomaría la Asociación Psicoanalítica Internacional?

¿Y la experiencia de todos nosotros, miembros latinoamericanos del API, con el trabajo llevado a cabo en Latinoamérica? Tras múltiples diálogos sostenidos con anterioridad, pudimos comprobar que muchos colegas esperaban lineamientos del API, mientras que otros tenían propuestas a partir de lo trabajado dentro de sus institutos en lo que se refiere a la práctica clínica mediada por dispositivos tecnológicos considerando la particularidad de contextos socioculturales, geográficos y económicos. Ha sido muy claro que no pueden quedar al margen las consideraciones que sustentan distintas posiciones.

El detonante del debate abierto fue que dos años y medio después del inicio de la experiencia colectiva con el trabajo remoto en la formación psicoanalítica, en diciembre 2022 llegó a los miembros dell API una carta en la cual se planteó el respaldo a una *política de transición* con respecto a la formación a distancia en el contexto de pandemia.

Este comunicado, que surgió en continuidad con lo establecido en las excepciones originales a los estándares de formación psicoanalítica implementadas en 2020, generó muchas inquietudes y malestares en la membresía. Tras la experiencia en curso se abrieron nuevos horizontes en los que ya no se trataba solo de situaciones excepcionales, sino de una forma de práctica que nos movió a considerar el presente y futuro de la transmisión del psicoanálisis.

Tras este comunicado del API, un catalizador importante de inquietudes y aportes críticos, fue un documento escrito por colegas de distintas sociedades de la Fepal, todos con amplia experiencia en el campo de transmisión del psicoanálisis. En tal documento invitaban a no zanjar estas discusiones recurriendo a directrices ordenadoras, planteando la necesidad de una reflexión colectiva.

Algunos planteamientos de dicha carta fueron detonadores del debate.

Expresaron que el análisis remoto como excepción a la regla mostró que la regla no era absoluta. La experiencia colectiva trabajando *on-line* en el curso de la pandemia dejó a la vista que el estándar que se consideraba el único y el mejor no necesariamente resultaba así. Hablar de excepcionalidad trae consigo la tendencia a entender como herético lo que está fuera del canon, y volver a este en cuanto sea posible. Sin embargo, la atención remota ha creado un nuevo campo en la experiencia clínica, fértil para la producción de conocimiento.

A partir del impacto que esta carta produjo al circular entre colegas de distintas filiaciones y ser publicada en los medios de difusión de la Fepal, tomamos la posta y organizamos un debate abierto, democrático y horizontal para escuchar distintas voces sobre un tema en el que se entrecruzan la clínica psicoanalítica y la política institucional.

Nos reunimos por Zoom cerca de trescientos participantes: miembros, analistas en formación, dirigentes de sociedades psicoanalíticas de Latinoamérica, y directivos de la Fepal, ILAP, OCAL, ABC e IPSO. Estuvo presente también la vicepresidente de la API.

Dada la relevancia de los planteamientos que se fueron dando, y lo acalorado del debate, se propuso extenderlo una hora más de lo previsto: de tres horas a casi cuatro, y aún así el entusiasmo perduraba.

¿Qué API queremos tener? Fue una pregunta que resonó en muchos grupos. Dado que nosotros somos miembros latinoamericanos de esta institución de la que hacemos parte, es de gran relevancia dar lugar a las voces, aportes y inquietudes que portan perspectivas desde nuestra región.

Para el debate no convocamos oradores, sólo algunas ideas detonadoras tras lo cual la palabra circuló para que quien quisiera, en tres equitativos minutos, libremente expusiera sus ideas.

Distintas voces en debate

Lo que está en juego es el funcionamiento institucional.

Un núcleo duro de la API que tiene que ver con la función reguladora que en Europa es tremendamente valorada y ha llegado a convertirse casi en un emblema identificatorio para muchos. Eso hace que los estándares sean mucho más que cuestiones formales que hay que respetar. Es realmente un núcleo duro que si se toca genera reacciones muy fuertes, hay que entender eso para discutirlo.

Nosotros estamos en una organización que es tremendamente liberal a la hora de aceptar diferentes posiciones teóricas y al mismo tiempo tremendamente rígida a la hora de aceptar la diversidad de prácticas ligadas al modo de conducir la cura. Esto tiene motivos históricos, tenemos que saber qué es lo que se juega para poder discutir inteligentemente.

Considerando que todos somos API, resulta importante pensar si la API es una suerte de panóptico que visibiliza y vigila lo que se despliega como práctica analítica en las distintas regiones, o podemos pensar que la API puede transformarse en una caja de resonancia de las diversidades, no solo teórica sino de diseño de la práctica

"Que de esto salga una propuesta latinoamericana. Que en la API se sepa que en Latinoamérica proponemos, no solamente seguimos lineamientos."

¿Cómo nos implicamos en la política institucional?

Es en la discusión, nunca en la obediencia, así, la transmisión del psicoanálisis da lugar al pensamiento crítico y creativo.

Del debate resultó una puesta en acto en el que se pudieron expresar las diferentes experiencias, posiciones y controversias que amplían la perspectiva de cada participante.

> *Tenemos un viejo debate que se asienta en una postura hegemónica que indica el buen hacer. ¿Qué podemos responder nosotros como sociedades latinoamericanas adultas?*
>
> *No podemos desconocer los aportes de nuestra región.*

> *El análisis remoto no puede ser excepcional. Para la API el análisis remoto parece seguir siendo considerado como algo excepcional.*
>
> *Es imprescindible integrar la experiencia transitada durante este tiempo. No es posible volver atrás, a lineamientos parecidos a los que había.*

> *El modo de seguir trabajando en la combinación entre análisis remoto y presencial tiene que ser una característica que se pueda acordar entre analista y analizante, tomando en cuenta una modalidad que con analistas en formación ha dado resultado.*
>
> *A partir de la experiencia de estos últimos tres años, es claro que no se trata de que cada quien hace lo que quiere, sino de la confianza en la responsabilidad otorgada a los analistas que conducen los análisis de los analistas en formación para discernir en la singularidad de cada situación.*

Quedó muy clara la postura del conjunto de los asistentes: discutir, debatir, concordar o dar lugar a la controversia, no seguir sumisamente los lineamientos o directrices institucionales.

> *Desde Latinoamérica podemos plantearnos y plantarnos.*
>
> *Encontrar el campo dialógico donde se abran otras propuestas.*
>
> *Es importante trabajar sobre los efectos, sobre qué pasa con los fundamentos del psicoanálisis.*
>
> *Tenemos un viejo debate que se asienta en una postura hegemónica que indica el buen hacer.*
>
> *¿Qué podemos responder nosotros como sociedades Latinoamericanas adultas?*
>
> *No podemos desconocer los aportes de nuestra región.*
>
> *Debemos estudiar los efectos de esos cambios. ¿Cuál fue el efecto de lo que transitamos?*

> *Pensar que en lo que concierne a política institucional, lo que discutimos no es solo una posición latinoamericana, sino que hay que tender a imaginar y formalizar un modelo latinoamericano de formación que podamos ofrecer a la API. No solo para defender una posición, sino para proponer acerca de decisiones en las que estamos implicados porque nosotros somos miembros latinoamericanos de la API.*

> *Quiero llamar la atención sobre un tema del que hasta ahora solo ha sido planteado por los analistas en formación.*

El aspecto económico. Nadie más ha hablado sobre ello el día de hoy. Sobre la capacidad del análisis remoto para bajar los costos.

¿La omisión en cuanto a ese tema no pone en evidencia el desinterés que puede existir en quien tiene su formación terminada o un lugar garantizado en el mercado de trabajo?

El análisis remoto ha sido una posibilidad excelente para hacer accesible el tratamiento psicoanalítico a una población que de otra manera no podría acceder al consultorio de un psicoanalista. Ni en todas las ciudades es posible encontrarlos, hay muchas personas con necesidad que no pueden costear los gastos de viajes frecuentes. Ahora tenemos Zoom y eso es una posibilidad para muchos.

Lo que se juega es incluir la geografía en un diálogo constante con el psicoanálisis.

Se ha modificado el concepto de distancia óptima que da paso a tener que pensar como alojar lo pulsional en la pantalla. La idea de presencia física dio también lugar al concepto de presencialidad, que muchos lo tomaron equivalente y el concepto de presencialidad a mi gusto abarca nuevas concepciones sobre los cuerpos, pero también sobre el tiempo y el espacio. No se trata de salvar distancias territoriales. Se trata de inventar nuevos modelos de acercamiento y alivio de la angustia.

En el intercambio intergeneracional e intersocietario, se puso en acto la participación crítica, analítica y propositiva de miembros y analistas en formación de toda Latinoamérica frente a un tema que nos concierne a todos: el deseo de una democratización en nuestras instituciones, lo cual implica considerar las posibilidades ahora más cercanas de realizar la formación psicoanalítica para aquellos que por cuestiones de inaccesibilidad geográfica estaba vedada. Situación muy sustantiva en Latinoamérica, en relación a la numerosa migración existente. Son muchos los testimonios de miembros y analistas en formación que han podido seguir vinculados al trabajo de sus sociedades de pertenencia gracias a la posibilidad del trabajo remoto.

Entonces:

- ¿Recibir lineamientos desde una lógica vertical?
- ¿Recibir lineamientos para ser discutidos, pensados, acordados?

La democratización en el campo de la institución implica la posibilidad de que los temas que nos conciernen a todos puedan ser debatidos de modo abierto e inclusivo.

La participación de los analistas en formación en estos debates es sumamente valiosa. "No sólo somos pensadores del futuro, también somos pensadores en presente" apuntó claramente una de las participantes.

Es claro que pensar la democratización en algunas instituciones psicoanalíticas puede generar resistencias en tanto implica cambios en dinámicas de poder que, también dentro de los institutos de psicoanálisis, suelen ser el centro de muchos malestares.

La democratización en este debate se reflejó en la posibilidad de incidir y implicarnos en políticas institucionales.

En lo que concierne a la *democratización* del psicoanálisis hay muchas líneas de reflexión, pero apuntamos a la que concierne al tema del trabajo remoto en la formación psicoanalítica, dado que el trípode remoto ha hecho accesible para muchos aspirantes formarse como analistas. Ya sea porque geográficamente están en lugares donde no hay institutos, o porque en la velocidad de las grandes urbes el trabajo deja poco margen de tiempo para transportarse al consultorio y viceversa. El tiempo es cada vez más privilegio de pocos.

¿Puede el psicoanálisis dejar de ser una práctica elitista?

Es deseable que así acontezca, sobre todo en un tiempo en el que el psicoanálisis es tan necesario,-ante los malestares de la cultura contemporánea.

El análisis remoto ha interpelado al psicoanálisis desde las consideraciones metapsicológicas, desarrollos teóricos y técnicos. Como ha sido evidente que es en su vinculación con la institución, sus políticas, los fundamentos de estas y lo que se pone en juego entre lo instituido y lo instituyente, que nos enfrenta a nuevos desafíos.

Y entre lo instituido y lo instituyente, es de gran importancia pensar en los efectos subjetivantes que resultan de las políticas institucionales en la transmisión del psicoanálisis.

> *Necesitamos entender que la API no es una entidad que nos coloniza, formamos parte y tenemos voz. Tenemos que hacer que la voz de los miembros latinoamericanos se escuche.*
>
> *El grupo de trabajo del API* Psicoanálisis en Tiempos *Contemporáneos está investigando la postura de las sociedades del mundo.*

> *Tenemos dos planteos: uno es el científico en relación a si funciona o no el análisis remoto en la formación psicoanalítica, el otro concierne a la política institucional.*
>
> *Lo que está en cuestión parece ser un tema de identidad psicoanalítica en relación con la legitimación institucional.*

> *Lo que tenemos que discutir es si lo que nos une es el apego a ciertos estándares o el apego a ciertos principios.*

> *Es importante tener una participación en estas discusiones. Reconocer que a veces optamos por una posición apática o conformista.*

> *Este lineamento de la API atrasa porque impone lo anterior.*
>
> *Es importante ver lo que resultó de esta experiencia con el trípode remoto. Volver a lo anterior es desconocerla. Es preocupante dentro de un movimiento psicoanalítico.*

> *Resulta auspicioso contar con marcos como este debate, para procesar las novedades del último tiempo alrededor de las formas de practicar la experiencia analítica.*

Psicoanálisis tropical

Esta nominación propuesta por OCAL recuerda el *Manifiesto antropofágo* propuesto por Oswald de Andrade, allá por 1928, que propone acabar con el sentimiento de inferioridad y admiración hacia la cultura europea. Devorar los valores no para desecharlos, sino para incorporarlos acordes a nuestra realidad.

OCAL solicitó a sus miembros que enviaran comentarios y sugerencias para el debate.

Escuchamos a los analistas en formación:

> *Estamos conscientes y valorando el hecho de que la pandemia cambió la forma de trabajar y que no podemos volver al mismo punto.*

La introducción del análisis en línea fue una sorpresa, nos dimos cuenta de que es posible.

La mayoría teníamos resistencia y todos aceptamos y vimos que funciona. Lo que no sabemos decir es los efectos en la transmisión del psicoanálisis.

Entendemos que las dudas, cuestionamientos, incertidumbres, resistencias sobre el análisis en línea pueden y deben incitar a nuevos desarrollos en el campo de la clínica y metapsicología siempre que se abandonen posiciones dogmáticas, académicas y de sometimiento acrítico frente a los dictámenes que muchas veces se infiltran empobreciendo la transmisión del psicoanálisis.

Desconocer los efectos que sobre los procesos de subjetivación han tenido los cambios políticos, sociales, culturales y económicos, así como desconocer la riqueza del trabajo en la comunidad y en la universidad, que pueden aportar a la formación de jóvenes analistas en la medida que son espacios que abren al diálogo y al enriquecimiento con la interdisciplina.

¿Acaso este desconocimiento no implica mantener espacios endogámicos expuestos a una repetición mimetizadora que deja fuera y da la espalda a los malestares de nuestro tiempo, a la vez que nos pone frente al futuro de nuestros institutos?

Es importante apuntar a lo que favorece a ampliar las posibilidades de atención, Y incluso de formación psicoanalítica a sectores de la población que han quedado excluidos por razones económicas o geográficas. Sobre todo en un tiempo en el que el psicoanálisis es requerido en ámbitos en los que el sufrimiento convoca a poner atención y salir de una práctica elitista. Esto es parte de un proceso de democratización.

América Latina tiene un movimiento multicultural, diversidad de etnias, que marcan nuestras identidades. Estamos trabajando sobre diversidades y exclusiones en nuestras sociedades. Para ello tenemos mucha experiencia de trabajos clínicos que nos han llevado desde lo virtual, telefónico, Skype, desde el tratamiento ambulatorio en hospitales. Tenemos experiencias muy ricas y a lo mejor no son técnicamente ortodoxas, pero son creativas, y nos dan la fuerza de sentirnos psicoanalistas.

Es importante cuestionar el lugar desde donde se habla teniendo en cuenta las raíces de sus lugares de pertenencia.

Decir "esto se hace así" implica un autoritarismo, es un síntoma serio de una institución.

Esto nos debe hacer cuestionar que hay problemas políticos de fondo que podemos encarar en la medida es que los componentes de distintas regiones nos podamos escuchar.

Es necesario que podamos avanzar en la perspectiva que aloje diversidades teóricas, pero también de prácticas.

Pensar sobre la excepcionalidad es problemático. Esa noción supone bajo un manto de flexibilidad, conservar la noción de norma. Quien consiente una excepción se arroga el tolerar lo que se considera la norma a seguir.

> *Poco se habla de las normas éticas. Poco se habla de eso y poco se transita reflexivamente.*

Tres años sin reglas

Durante tres años se confió a los analistas didactas, y a los institutos el discernimiento sobre el modo de trabajar, y sobre todo las decisiones en torno a la dirección de la cura.

¿No es esta confianza en la responsabilidad ética y la libertad de discernir en el ejercicio de la función analítica un elemento implícito en analistas que transmiten el psicoanálisis y ejercen la función didáctica?

Sin embargo, en el entrecruzamiento de la clínica con la política institucional, la cuestión de establecer algunos acuerdos mínimos ha sido parte de un proceso de investigaciones, diálogos, controversias y búsqueda de consensos internacionales sobre un tema que nos concierne a todos.

> *He sido pionero del Psicoanálisis en Latinoamérica, y tras el largo recorrido de muchas décadas, puedo plantear que hay que dejar de lado el miedo al* establishment *y apoyar al psicoanálisis creativo. De otro modo corremos el riesgo del anacronismo.*
>
> *Esta posibilidad que se abrió a la virtualidad cien por ciento no solo mantuvo vitales el trípode, también un crecimiento enorme.*
>
> *No basta tomar el análisis remoto como excepción. Hay transformaciones enormes en la vida, atravesada cada vez más por los avances de la ciencia y tecnología y no podemos dar espalda a eso.*

Institutos, lo instituyente y lo instituido

Indudablemente en todos los institutos se comparte la preocupación dell API por sostener la cualidad de la formación psicoanalítica. El profundo trabajo llevado a cabo en Fepal, así como en OCAL, da cuenta de este interés no sólo para encontrar el modo de continuar la formación psicoanalítica de modo remoto, sino también en lo que concierne a actividades científicas para profundizar en el tema. En ello, ha sido importante partir de la experiencia de nuestra región y dar lugar al trabajo de estos cuatro años *dentro* y *entre* nuestros institutos. Trabajo del que han sido partícipes, como venimos dando testimonio, miembros y analistas en formación de Latinoamérica que pueden aportar mucho a las discusiones con otras regiones dell API.

> *En pandemia el análisis remoto sirvió como tabla de salvación. Podemos seguir subidos de modo permanente en esa tabla. ¿Es conveniente? El análisis remoto tiene el riesgo de la pérdida de intimidad. Es importante considerar que el análisis queda mediado por un sistema técnico que no depende de analista y analizante. Entran otros factores. Es un riesgo que no podemos olvidar. En países con democracias débiles es un riesgo importante.*
>
> *¿Analizaríamos remotamente en dictaduras? ¿Con riesgo de que eso cayera en manos de alguien? Con un* hacker *todo el sistema se haría pedazos en cinco minutos.*

> *Otro cuestionamiento que no he escuchado es el tema ecológico.*
>
> *Es un tema que se deja fuera y se nos olvida. Todo esto de las movilidades nos abre camino con las nuevas generaciones. La gente ahorita trabaja de otra manera* home office,

gente que por trabajo viaja frecuentemente. Los psicoanalistas no podemos quedarnos al margen de los cambios. Es importante tener en cuenta cambios en la sociedad y en las nuevas generaciones. Es importante ser vigentes.

Ya probamos que el análisis remoto funciona, hay que seguir estudiando y depurando.

Todos somos API. Es muy bueno que en Latinoamérica se pueda debatir de esta manera, que estemos juntos para dialogar, conciliar lo más posible lo que pueda ser lo más beneficioso para todos.

Difícil conciliar por las diferencias tan grandes entre regiones.

Nuestra triple pertenencia institucional

¿Cómo nos implicamos en la institución de la que hacemos parte? ¿En qué se sustenta nuestra pertenencia en términos de filiación? ¿Qué tanto el tema de los lineamientos se ha vuelto tan polémico en la búsqueda de estandarizaciones que, aunque mínimas, parecen en sí mismas sostener la identidad institucional?

Es llamativa la manera en la que se hace referencia al API, como si fuera una instancia lejana, como si estuviera implícita una cierta ajenidad.

¿No resulta extraño?

Los miembros somos API. En nuestro caso, los miembros latinoamericanos de API.

Ser parte de API, ser parte del Fepal y ser parte de la sociedad de pertenencia se articulan en una identidad institucional en la que las diferencias complejizan la unidad, y de hecho pueden enriquecerla.

Posicionamiento latinoamericano, un punto de llegada

Como corolario de todas las actividades que se fueron desarrollando y con el empuje entusiasta que significó el debate abierto, surgió la propuesta de un posicionamiento latinoamericano con respecto al trabajo remoto en la formación psicoanalítica. Este posicionamiento consiste en dar lugar a la diversidad de contextos, necesidades y perspectivas de los distintos Institutos de Latinoamérica.

En relación al trabajo remoto, hemos constatado situaciones totalmente antagónicas. Por ejemplo: mientras hay institutos que por el poco número de analistas, o por los problemas de endogamia que han manifestado, ven en el teleanálisis la posibilidad de que sus miembros se analicen con colegas de otras sociedades, mientras que al mismo tiempo otros institutos lo ven como una amenaza al logro de la consolidación de una identidad societaria.

Hay otros institutos en los que debido a la fuerte necesidad de migración tienen en la posibilidad del trabajo remoto el modo de dar continuidad a la pertenencia activa en sus institutos.

Estos son solamente algunos ejemplos de situaciones que es preciso considerar.

Hemos escuchado que en algunos institutos se considera deseable para la formación psicoanalítica el que los analistas en formación puedan contar con las dos experiencias: analizarse y analizar de modo presencial y remoto, con el fin de habilitarse en dos modos de trabajo analítico, considerando que el teleanálisis es cada vez más solicitado en nuestros días.

Entonces, con el propósito de dar lugar a distintas perspectivas, y la convicción de que las diferencias complejizan la unidad, y de hecho pueden enriquecerla, es que fue tomando forma una propuesta de posicionamiento latinoamericano que propone autonomía de los institutos para reglamentar e instuir acerca del trípode remoto acorde a sus propias encrucijadas, considerando la exogamia como un posicionamiento inherente al psicoanálisis mismo

- La pregunta en cuestión es:
- ¿Realmente se pueda sustentar científicamente que los analistas formados con distintos porcentajes de teleanálisis, o aún en su totalidad, habrían recibido un análisis de "menor" calidad que quienes se analizan de modo cien por ciento presencial?
- ¿Alguien lo puede sostener?
- ¿Alguien podría arrogarse el poder de determinar una garantía de eficiencia analítica, basada en algún tipo de encuadre?

5. Autonomía, democratización y exogamia en la transmisión y formación psicoanalítica

Ana María Chabalgoity

Tomando como punto de partida lo surgido en los últimos tres años en los diversos encuentros organizados por la Comisión de Formación y Transmisión del Psicoanálisis de Fepal, así como en sus diálogos preparatorios y en las reflexiones posteriores, delineamos ciertos ítems que devinieron ejes organizadores para la propuesta de un Posicionamiento Latinoamericano. Partiendo de las controversias en torno al trabajo remoto en la formación psicoanalítica, dicho posicionamiento dio cabida a planteamientos importantes sobre aspectos centrales en la política institucional vinculados a la formación psicoanalítica.

Fue en un ejercicio democrático que dio cabida a múltiples voces de analistas y analistas en formación de nuestra región, que se propuso pensar en los significantes: *Democracia-Autonomía y Exogamia* en la formación psicoanalítica. En sucesivos y muy entusiastas encuentros, se fueron desplegando y proponiendo al debate interesantes interrogantes. Destacamos el XXII Encuentro abierto de Institutos (2023) en el que las implicaciones de estos items en el ámbito institucional, fueron debatidos en profundidad.

Algunos interrogantes fueron:

- ¿Nuestras instituciones son democráticas?

- ¿Cómo definimos la democracia en tanto en las instituciones psicoanalíticas los intercambios se sustentan en transferencias que implican circulación, o no, del poder/saber?
- ¿Qué aporta la exogamia a la formación Psicoanalítica?
- ¿Cuál es la dosis de autonomía posible en los institutos de formación?

En términos generales fue planteándose que un clima de autonomía, democratización y exogamia contribuye favorablemente al ambiente institucional, influyendo positivamente en los procesos formativos.

La particular dinámica de los ámbitos institucionales donde lo instituido y lo instituyente, están en permanente tensión, se caracterizan además por la asimetría y el entrecruzamiento de múltiples transferencias que se condicionan recíprocamente sosteniendo complejidades inherentes al proceso. A su vez, los planteamos como actitudes y posicionamientos necesarios, para que la transmisión de la teoría y práctica psicoanalítica tenga lugar desde otros parámetros en pos del futuro de la formación psicoanalítica.

- Cómo pensar la Autonomía, Democratización y Exogamia, aplicados al campo del análisis didáctico, la supervisión y los seminarios?
- ¿Nuestros modelos de trasmisión sustentan un principio de autoridad o de autoritarismo?
- ¿Posibilitan el pensamiento crítico y creativo?
- ¿Cómo pensar la inclusión y la exclusión que se da en nuestros institutos, por el sólo hecho de la selección de sus integrantes para la admisión?
- ¿Quién accede a una formación que es elitista tanto desde el punto de vista económico como por razones de distancias geográficas, ya que los institutos se encuentran ubicados en las capitales o en algunas pocas ciudades importantes de cada país?

- ¿Cuál es la realidad de los institutos agrupados en Fepal tanto en forma particular como general en torno a estos postulados? ¿Y en su relación con la IPA?

Proponemos detenernos en cada uno de estos ítems e ir entrelazando nuestras miradas junto a la diversidad de posiciones que, con estos fines, se hicieron oír en el XXII Encuentro abierto de Institutos que contó con la participación de integrantes de los Institutos de Fepal (no sólo de sus Directores), de OCAL y del ILAP.

Democratización

La democracia en tanto concepto proviene del campo teórico político, ¿es extrapolable al terreno psicoanalítico o más bien tendríamos que hablar de horizontalidad? ¿Cómo pensarlo en el entramado de una formación institucional atravesada por el entrecruzamiento de múltiples transferencias en la medida que ella implica, entre otras cosas, cierta cuota de idealización y de sostenimiento de relaciones asimétricas?

Nuestras instituciones así concebidas, ¿habilitan la circulación de un poder-saber que sabemos son indisociables?

¿Cómo relacionar el saber epistémico con el no-saber o saber del inconsciente reconociendo que este enlace interpela tanto la ética como el posicionamiento político en psicoanálisis?

Es desde esta distinción que concebimos que el psicoanálisis se transmite y no se enseña. Es imprescindible interrogarnos acerca de cómo es el modo de transmisión en nuestras instituciones. No es lo mismo basarse en una autoridad, en una ley simbólica, que da lugar al otro, lo que promueve el crecimiento y la creatividad, que avalar un autoritarismo en el cual se afirma y afianza una alienante asimetría. La circulación del poder-saber en transferencia, conlleva el riesgo de que la inherente asimetría posibilite inducir adhesiones que conducen al sometimiento y atentan contra la creatividad imprescindible para todo pensamiento analítico. Se trata entonces de advertir y trabajar desde el analista, profesor o supervisor, que conduce la transferencia, esa frágil línea entre el amor de transferencia y la pasión de transferencia. Se trata del poder de la palabra y no de un sujeto sobre otro.

Pensamos que la participación activa en todos los estratos de la organización institucional de todos los miembros y candidatos desde el inicio de la formación, habilita un intercambio que favorece el diálogo en el cual se pueden expresar discrepancias y coincidencias, así como dar debate a nuevas propuestas. Intercambio indispensable para concebir la formación psicoanalítica como un acto que tienda a hacer circular la información y la participación del saber-poder. Esta es una forma posible de democratizar la formación. Por otro lado, cabe resaltar que la democratización en el campo de la institución y sus políticas, ha registrado un sustantivo cambio con las posibilidades de la comunicación remota en los tres campos del trípode. Lo virtual hace accesible la experiencia analítica y la formación para sectores de la población que no habían podido acercarse. A veces ni conocerla, ya sea porque geográficamente están en lugares donde no hay institutos, o ni siquiera analistas, sino incluso porque en la velocidad de las grandes urbes, el trabajo deja poco margen de tiempo para transportarse al consultorio y viceversa. El tiempo es cada vez más privilegio de pocos.

¿Podrá el psicoanálisis dejar de ser una práctica elitista, incorporando nuevas modalidades?

Sería también adecuado hablar de qué actitud tomar frente a la inequidad social y de cómo ello impacta en nuestras instituciones, en la medida en que las exigencias económicas que demanda la formación, restringen el acceso a muchos aspirantes.

Hablar de democratización es también atender y considerar los diferentes contextos socioeconómicos-culturales que coexisten en Latinoamérica. Escuchar a los excluidos de los institutos, de nuestras instituciones, es dar voz al racismo, a la "negritud", a la "blanquitud", a la no integración de los pueblos originarios, a los marginados que permanecen en los bordes del tejido social.

¿Cómo no seguir insistiendo en reflexiones, pensamientos, denuncias y lograr acciones específicas que impliquen ajustes de los modos de formación acordes a las diferentes realidades?

Esta es la esencia de un posicionamiento latinoamericano: un accionar que permita soslayar los mandatos colonizadores que hemos introyectado. Implica la investigación y debate permanente, como el que hemos tratado de propiciar, en aras de que las determinaciones políticas tengan su raíz en la clínica, tomando en cuenta la especificidad de su contexto. En nuestro caso, el contexto sociocultural, político, económico, geográfico en el que se inserta nuestra práxis. Diferente en cada región o país.

Para lograr una democratización del psicoanálisis será necesario sostener una elasticidad saludable que permita los ajustes artesanales que respeten las singularidades. Recordemos que la contradicción entre tradición-pertenencia e innovación permaneciendo en la pertenencia, es fuente de tensiones y conflictos que nos sumergen en la complejidad de la formación.

Autonomía

La autonomía tiene por definición un punto de imposible, siempre estamos sujetos a Otro. La pregunta es qué relación establecemos con ese Otro, en nuestro caso IPA, como regulador universal de las políticas a las que suscribimos.

¿Qué entendemos por autonomía? ¿Es el "vale todo" o implica un modo de no quedar sometidos a estándares universales que recibimos, al poder cuestionarlos, interrogarlos?

Consideramos la autonomía en relación a los planes de formación, que puedan formularse de acuerdo a las posibilidades socioculturales de cada instituto. Habilitar y sostener la confianza en lo que cada Institución moldea acorde a sus especificidades, manteniendo una mínima reglamentación que funcione como núcleo organizador y de cierto grado de cohesión a su membresía.

La autonomía que venimos practicando es una autonomía "de hecho" y no "de derecho". Se torna un imperativo "legalizarla", "autorizarla", para intentar sortear los aspectos transgresores que alimentan un lado de perversión y de psicopatía que solemos encontrar.

De este modo y en términos muy generales, la propuesta apunta al margen de *autonomía* de los institutos para que pueda confiarse a cada uno de ellos el discernimiento acerca del trabajo remoto en cada uno de los ejes del trípode de la formación, estableciendo los acuerdos que se consideren necesarios dentro de cada instituto. Se trata de una autonomía que sostenga el entramado de vínculos societarios dentro de la propia región y con otras regiones de la IPA. Ser parte de IPA, ser parte de Fepal y ser parte de la sociedad de pertenencia, se articulan en una identidad institucional en la que las diferencias complejizan la unidad, y de hecho pueden enriquecerla.

Exogamia

La exogamia, la autonomía, la democratización, tienen variadas aristas que es necesario continuar profundizando en sus posibilidades de generar cambios.

Ahora bien, durante la pandemia, el impuesto trabajo remoto en el trípode ha transformado muros en ricas fronteras desde las cuales se tienden puentes que conectan analistas de distintas latitudes, y dan posibilidad de propiciar una formación psicoanalítica más acorde a los diversos contextos culturales y dando lugar a elecciones regidas por transferencias, con el saldo exogámico que implica.

Tenemos países e instituciones de muy diversos tamaños en cuanto a la cantidad de sus miembros y en cuanto a sus posibilidades de participación y divulgación por temas económicos. ¿Cómo evitar que la circulación pueda favorecer un sólo lado desconociendo las agrupaciones minoritarias o con menos recursos?

Al igual que lo remoto, la necesidad de la exogamia en la formación es resistida por algunos colegas. Estas resistencias develan la necesidad de investigar y conocer más acerca de estos nuevos encuadres habilitados desde lo institucional. Aquí se hace necesario admitir las diferencias que conllevan las distintas presencialidades (cuerpo virtual-cuerpo material) así como las diferencias en las formaciones exclusivamente endogámicas, o sólo exogámicas o mixtas. Hay mucho para aprender en esta dimensión que se van instituyendo, escuchando las discrepancias para dar debate en lo que hace a estas modalidades formativas que difieren de las tradicionalmente admitidas.

En este punto es importante subrayar que el uso de la virtualidad en nuestro campo es posible gracias, y fundamentalmente, a las amplias posibilidades del método analítico.

¿Qué efectos va teniendo esto en el curso de la formación psicoanalítica? O, mejor dicho, ¿en la permanente formación a la que nos convoca el encuentro con lo diferente?

A su vez, pensando en la infiltración de los aspectos dogmáticos y académicos en la formación, es preciso repensar la transmisión teórica en seminarios, ¿se realiza dando lugar a una participación cuestionadora y crítica? ¿permanencia o cambio?

La propuesta de apertura de fronteras que viene llevando adelante la Organización de Candidatos de América Latina, OCAL, a la cual se sumaron casi la totalidad de los Institutos de Fepal, es un ejemplo que vale la pena considerar. Desde el 2021 los analistas en formación pueden realizar seminarios virtuales en otros Institutos, aun en países distantes. Es llamativo que si bien estos seminarios no son considerados en las currículas pertinentes (cuestión que deberíamos atender), la iniciativa ha tenido, sin embargo, mucha repercusión, mostrando el ferviente interés de ampliar las fronteras de los analistas en formación. Se va diseñando poco a poco una vía de resolución, no solo por la posibilidad de cumplimentar el trípode de formación de manera remota, ya que también muchas asociaciones permitieron la elección de supervisores de otras. De este modo la exogamia en la formación psicoanalítica favorece posicionamientos más psicoanalíticos en la clínica de cada cual.

¿Podemos seguir sosteniendo un modelo basado en el trípode o es necesario pensar en que el mismo se va complejizando y se hace imprescindible una apoyatura en cinco pilares en donde se sume la participación activa en la interna de cada instituto así como el intercambio permanente con otras instituciones tanto de Fepal como de la IPA para dar lugar a cierto reconocimiento de que "el mundo es ancho y ajeno", al decir de Ciro Alegría (escritor peruano) en el libro que lleva este título (1941).

Para finalizar este capítulo que pretende comunicar algunas de las ideas que vienen circulando en los diferentes encuentros, y en la interna de la Comisión, creemos fundamental recordar la expresión "gatopardezca" (de la novela *Il Gattopardo*, de Giuseppe Tomasi di Lampedusa, 1958), "cambiemos algo para que todo siga igual". Consideramos como una advertencia que da cuenta del peligro de que este posicionamiento latinoamericano no quede reducido sólo a una discursiva, a bellas palabras o propuestas que se escuchan… a veces se elogian o critican, pero que no adquieren el relieve de un accionar, dando lugar a lo diferente, a un cambio genuino, con hechos que le den sustento.

6. Transmisión psicoanalítica en Latinoamerica: algunas consideraciones desde la perspectiva de un analista en formación

Gabriel Rivera Constanzo

En el presente escrito abordo una apreciación personal de lo que ha sido la experiencia en transitar la formación psicoanalítica, a la que ingresé el año 2017 en el Instituto de Psicoanálisis de la Asociación Psicoanalítica Chilena (APCh). Me baso en mi experiencia personal y en inquietudes que he recogido con diferentes compañeros y colegas latinoamericanos a lo largo de estos años, a través de mi participación en la gestión de OCAL 2020-2022 en su Secretaría Científica; en la gestión de la misma organización en el período 2022-2024 en la vicepresidencia; además de mi participación como miembro invitado en la Comisión de Formación y Transmisión del Psicoanálisis de la Fepal en los últimos casi tres años. El abordaje es a modo personal, con el que el lector/lectora podrá estar en concordancia o disentir, agregar o recortar, aunque si lo que me propongo presentar suscita reflexiones y, sobretodo, ideas que pudieran llegar a manifestarse en propuestas para el beneficio de la transmisión psicoanalítica en América Latina, el objetivo de escribir estas palabras se habrá cumplido.

En julio de 2021 me integré a la Comisión de Formación y Transmisión del Psicoanálisis de la Fepal. En aquel tiempo era parte de la Secretaría Científica de OCAL. La Comisión invitó, a través de la directiva de OCAL, a un analista en formación para participar como enlace entre sus integrantes y los candidatos, con la idea que era ilógico trabajar en torno a la transmisión psicoanalítica sin dar lugar a la voz activa de los analistas en formación. Accedí a participar mientras me encontraba en mi cuarto año de formación, con mis dos supervisiones oficiales, llevaba un tiempo en la directiva de OCAL, y había desarrollado vínculos con diferentes colegas latinoamericanos a través de esta misma implicación. Pensé que mi visión, y lo que pudiera recoger de mis colegas podría ser un valioso aporte para el trabajo de la Comisión. Aunque también, a decir verdad, pensé que mi participación sería de cierta forma testimonial, sin mucho impacto. Tenía una cuota de aprehensión de participar en reuniones con psicoanalistas latinoamericanos de vasta experiencia, didactas y supervisores. Pensé que no sería muy considerado en mi posición, más para validar una forma de inclusión. Me equivoqué. Ingresé a participar en un grupo muy motivado y dinámico, en el cual me sentí integrado desde el primer momento. En aquel tiempo se estaba organizando el XXI Encuentro de Institutos, que sería en formato remoto dado el contexto sanitario del período. En dicho encuentro tuve la posibilidad y el honor de participar en un diálogo con Adrianna Prengler, vicepresidente del IPA de la época, para plantear diversas inquietudes que nos convocaban a los analistas en formación. Aquella mesa la fui estructurando en tres momentos de la formación: previo e inicio de la formación, el tránsito propiamente tal, y el final de la formación, con las diversas problemáticas percibidas para cada etapa. Esa misma estructura quiero plantear en este escrito para desarrollar algunas ideas en torno a cada momento en el transcurso de la formación psicoanalítica.

Antes de continuar con el planteamiento, quisiera mencionar que el trabajo en la Comisión ha sido arduo, constante y dinámico. Desde nuestra perspectiva, como OCAL, estamos muy agradecidos de la posibilidad de haber sido verdaderamente considerados, y de participar activamente en los movimientos, actividades y reflexiones que la Comisión ha impulsado.

Inicios

Iniciar la formación psicoanalítica es una decisión trascendental. Previo al ingreso a alguno de nuestros institutos no se tiene mayor noción de las implicancias vitales y las transformaciones que se sucederán en cada persona que abraza el Psicoanálisis como modo de vida. En general, es una decisión que toma tiempo y, más allá de la cercanía o no con el psicoanálisis, se piensa como una posibilidad e instancia de especialización para transformase en un psicoanalista competente en el ámbito de trabajo. Muchos colegas optan por la formación psicoanalítica como un modo de profundización que les ayude a tratar de manera más profunda y de mejor forma a sus pacientes. No se tiene cabal noción de la forma en que se transformará la manera de percibir el mundo, las relaciones con otros y con uno mismo, de adquirir un nuevo lenguaje que permita transitar entre lo manifiesto y lo latente, entre lo concreto y lo simbólico, donde se irá incorporando una identidad psicoanalítica que se irá transformando a lo largo de la propia existencia. No es un proceso que culmina con los años de formación institucional, sino que se desenvuelve por toda la vida.

En este momento vislumbro un punto que puede invitar a ciertos cuestionamientos. Dice relación con la accesibilidad a los diferentes institutos de formación ligados al API. Es sabido que nuestra formación tiene una impronta de elitismo y al que, generalmente, accede un sector exclusivo de la población, con un nivel socioeconómico medio alto que permita solventar el alto costo que implica, precisamente, transitar la formación. Que, aunque se posibilite y existan aranceles referenciales, estos siguen siendo altos para una gran mayoría de las personas que pudiesen interesarse en acceder a una formación psicoanalítica institucional. En prácticamente todos los países de Latinoamérica es el 1% de la población el que puede ingresar y sostenerse en los institutos. Pienso que este hecho genera una barrera y un obstáculo de entrada, en el sentido que muchos profesionales que quisieran formarse en nuestros institutos se abstienen previamente de postular solo con interiorizarse de los altos costos que implica, aunque existan apoyos institucionales. Se percibe, en general, una baja en la cantidad de postulantes y de ingresos a la formación, dando a entender que el Psicoanálisis no concita mayor interés, pero, por el contrario, es notorio que concita gran interés, aunque no en nuestras instituciones, sino en modalidades más cortas y de menor costo. Es un punto que invita a pensar también en el carácter de diversidad en nuestras asociaciones. Si solo accede un grupo específico de la población es menor la posibilidad de dar lugar a una formación más diversa y de acceso más equitativo. Vemos que un grupo de nivel socioeconómico acomodado puede acceder a la formación psicoanalítica y realizar tratamientos a un grupo socioeconómico acomodado para poder solventar el elevado costo de la formación, en una suerte de endogamia social que, pensamos, puede empobrecer a la formación misma. No cabe duda que la formación psicoanalítica no representa a la generalidad y diversidad de la población en Latinoamérica, sino más bien a una élite.

Afortunadamente se han comenzado a desarrollar experiencias que pueden ser interesantes, que pudieran configurarse en otros institutos. Es así como en Brasil existen actualmente tres sociedades que posibilitan becas gratuitas para que se formen psicoanalíticamente compañeros negros y negras. Sociedad Brasileña de Psicoanálisis de Puerto Alegre, (SBPdePA), Sociedad Brasileña de Psicoanálisis de Río de Janeiro (SBPdeRJ), Sociedad Brasileña de Psicoanálisis de

Ribeirao Preto (SBPRP). ¿No podría ser esta una forma de diversificar la accesibilidad a nuestros institutos? En que cada instituto pueda disponer de un número de becas para personas que realmente tienen dificultades económicas, y que a la vez demuestran una vocación psicoanalítica. Incluso más adelante, aquellas personas beneficiadas se comprometan a becar, por ejemplo, en análisis a candidatos jóvenes, y que a lo largo de los años se pueda gestar una red que posibilite ampliar y diversificar el psicoanálisis de una manera más acorde a nuestra realidad latinoamericana.

Otra dificultad para iniciar la formación psicoanalítica tiene relación con la accesibilidad en términos geográficos. En una región caracterizada por su diversidad geográfica y socioeconómica, el acceso a programas de formación en psicoanálisis puede ser limitado y desigual. Las instituciones se concentran, principalmente, en las grandes urbes por cuanto deja pocas opciones para interesados que viven lejos de las grandes ciudades. En este punto el apoyo de herramientas tecnológicas puede tener un impacto importante en términos de accesibilidad para aquellos colegas que deben realizar largos viajes, y asumir una mayor carga financiera adicional.

Tránsitos

Son tres los modelos de formación psicoanalítica aprobados por el API: Eitingon, Uruguayo y Francés. En Latinoamérica predominan en los institutos de formación los modelos Eitingon y uruguayo. Con algunas diferencias de énfasis, todos constituyen el trípode de seminarios teóricos, análisis personal y la supervisión de los llamados "casos control" como eje central para la formación de, se espera, un psicoanalista competente. Antes de iniciar la formación, y en el transcurso, no son pocos los colegas que desconocen que su instituto adscribe a un modelo de formación que sienta las bases de su organización.

En relación a los seminarios teóricos existe consenso, en general, que son valiosos en el estudio de las diferentes teorías que implica al Psicoanálisis. Existen algunas diferencias en la forma de organizar la estructura de los seminarios. Hay institutos que tienen una malla curricular estructurada, otros con una malla curricular que ofrece una modalidad más flexible. Algunos se organizan a través de cursos en que se mantiene la misma generación de candidatos a lo largo de la formación. En otros se constituyen los seminarios de acuerdo los intereses de cada candidato, sin una estructura de curso, sí con un sistema de créditos.

El psicoanálisis, como disciplina, se ha arraigado en Latinoamérica con una historia rica y diversa. Sin embargo, al pensar la formación y transmisión de sus conocimientos, especialmente a través de los seminarios teóricos, han surgido varias problemáticas importantes que merecen atención y reflexión:

- Diversidad teórica: uno de los desafíos más notables en los programas de formación psicoanalítica en Latinoamérica dice relación con la diversidad teórica en los seminarios teóricos. Dependiendo del instituto y sociedad psicoanalítica, estos seminarios están, en general, dominados por una perspectiva teórica particular o una escuela de pensamiento, lo que limita la exposición de los analistas en formación a otras corrientes del psicoanálisis. Esta falta de diversidad puede afectar y reducir la amplitud de su formación y restringir su capacidad para desarrollar un enfoque integrador y crítico. Consideramos que es crucial promover la diversidad teórica en los programas de formación. Esto puede lograrse mediante la inclusión de profesores de diferentes corrientes psicoanalíticas, así como la integración de lecturas y discusiones que aborden una variedad de perspectivas teóricas. Al exponer a los analistas en formación a una gama más amplia de ideas, se les equipa mejor para comprender la complejidad del psicoanálisis y desarrollar su propio enfoque clínico.

- Jerarquías rígidas y falta de horizontalidad: una problemática importante que mencionan colegas durante la formación es la presencia de jerarquías rígidas y la falta de horizontalidad en los seminarios teóricos. En algunos contextos, los seminarios pueden estar marcados por estructuras más bien jerárquicas donde los profesores tienen un papel predominante y los candidatos tienen pocas posibilidades para participar activamente en el proceso formativo. Esto puede obstaculizar el desarrollo de un ambiente colaborativo, propicio para la transmisión, y la libre expresión de ideas por parte de los candidatos. Resulta esencial fomentar un ambiente más horizontal y participativo. Esto podría lograrse mediante la creación de espacios para el intercambio de experiencias clínicas entre pares, la organización de grupos de estudio dirigidos por candidatos, y la inclusión de evaluaciones formativas que valoren la participación activa de los candidatos. Al hacerlo, se empodera a los analistas en formación para que asuman un papel más activo en su proceso de devenir psicoanalistas y se promueve una cultura de colaboración.
- Falta de atención a la diversidad cultural: otra problemática percibida es la falta de atención a la diversidad cultural en los programas de formación psicoanalítica. A menudo, se privilegia una perspectiva eurocéntrica, lo que puede ignorar las particularidades culturales y sociohistóricas de nuestra propia región. Esto puede llevar a una falta de sensibilidad hacia las diferencias culturales en la práctica clínica y limitar la capacidad de los psicoanalistas en formación para comprender y abordar adecuadamente las experiencias de sus pacientes. Es fundamental integrar la sensibilidad cultural en los programas de formación. Esto puede abarcar la inclusión de contenidos que aborden las dimensiones culturales en la teoría y la práctica psicoanalítica en la comunidad, así como la formación en competencia cultural para que los futuros psicoanalistas puedan trabajar de manera efectiva

con pacientes de diversos contextos socioculturales. Al hacerlo, se promueve una práctica clínica más inclusiva y culturalmente sensible.

- Limitaciones en la integración de avances contemporáneos: en algunos casos, los programas de formación pueden quedarse rezagados en la enseñanza de conceptos y enfoques psicoanalíticos más contemporáneos, lo que puede limitar la capacidad de los candidatos para mantenerse actualizados y desarrollar una práctica clínica informada y relevante. Es crucial actualizar el contenido teórico de los seminarios y mantenerse al día con los avances y debates contemporáneos en el campo del psicoanálisis. Esto implica la revisión continua del contenido de los seminarios teóricos, la incorporación de nuevas investigaciones y enfoques teóricos, y la participación en actividades de desarrollo profesional para mantener actualizados a los formadores y candidatos por igual. Al hacerlo, se invierte en que los analistas en formación estén equipados con las herramientas necesarias para enfrentar los desafíos clínicos y teóricos en un mundo en constante cambio y evolución.

En cuanto al análisis didáctico, existe consenso de la importancia del análisis personal en el proceso formativo, y también en la relevancia de la alta frecuencia de sesiones, que en algunos institutos es de mínimo tres sesiones semanales; en otros institutos es desde mínimo cuatro sesiones a la semana. Sí genera discusión el elevado costo económico que este punto implica, que, aunque existan aranceles referenciales, sigue siendo un costo alto. Es la queja más recurrente entre candidatos de diferentes países de manera transversal.

Un punto que genera controversia dice relación con la elección del analista didacta. Sobretodo en instituciones de tamaño medio o más pequeñas donde la cantidad de psicoanalistas que ostentan la función didáctica es menor a la de sociedades más grandes. Suele suceder que el analista en formación tiene que adaptarse a los psicoanalistas disponibles, donde se ve restringida la posibilidad de optar libremente para acceder a un tratamiento que es medular en el devenir psicoanalista. Incluso hemos tenido contacto con situaciones en que un candidato está obligado a continuar su análisis con un analista que ya no le hace sentido para cumplir con el requisito exigido por la estructura de la formación. Esto es un contrasentido para un adecuado y fructífero proceso psicoanalítico.

También se da, no en la mayoría, pero sucede, que analistas en formación dan por terminado su análisis apenas cumplen el tiempo requerido en su instituto, principalmente por el factor económico que presiona sobre aquellos candidatos.

Otra situación controversial que se ha vislumbrado es que el analista didacta también es profesor de seminarios y supervisor. Estos cruces generan ciertas complicaciones en el candidato, incluso con postergar o evitar acceder a algún seminario porque su analista didacta es quién lo imparte.

En relación a la supervisión, también se perciben algunas situaciones controversiales con la posibilidad de elegir al supervisor, sobre todo en instituciones más pequeñas, en que esa posibilidad está más acotada. Ha habido colegas que han tenido que sostenerse con un supervisor determinado porque no hay otros disponibles y requieren de cumplir con el requisito establecido. Nadie duda de la importancia de la supervisión en la transmisión del psicoanálisis, aunque sí resaltan quejas en tanto se pone en juego un poder del analista supervisor. A veces la queja es una suerte de infantilización del candidato, donde la supervisión funciona más en un modo directivo que de acompañamiento y transmisión psicoanalítica. Los analistas en formación pueden enfrentarse a dificultades para acceder a supervisores experimentados de manera regular debido a factores como la disponibilidad, la distancia geográfica y los recursos financieros limitados. Esta falta de supervisión regular puede obstaculizar el desarrollo clínico de los analistas en formación y limitar su capacidad para reflexionar sobre su trabajo terapéutico de manera profunda y significativa.

Existen situaciones en que los analistas en formación pueden encontrarse limitados en sus opciones de supervisores, ya sea en términos de enfoques teóricos, experiencias clínicas o perspectivas personales. Esta falta de diversidad puede limitar la riqueza de la supervisión y dificultar la capacidad de los analistas en formación para desarrollar una comprensión integral y flexible del trabajo clínico. También puede suceder que la supervisión se centra principalmente en aspectos técnicos y clínicos del trabajo terapéutico, dejando de lado la atención a las experiencias emocionales y subjetivas de los analistas en formación. Esto puede generar un ambiente de supervisión poco acogedor que dificulta que los analistas en formación se sientan seguros y apoyados en su proceso de desarrollo profesional y personal. Sería beneficioso incorporar espacios reflexivos y de apoyo emocional en la supervisión. Esto podría implicar la inclusión de momentos dedicados a la exploración de las emociones y las experiencias personales de los analistas en formación, así como la promoción de una cultura de apertura y aceptación en el contexto de supervisión. Además, se podría fomentar la formación de grupos de apoyo entre pares para que los analistas en formación puedan compartir sus preocupaciones y recibir el respaldo mutuo necesario para enfrentar los desafíos de la formación psicoanalítica.

Para la transmisión psicoanalítica el trípode es central, y también ha sido importante lo que se ha llamado "la cuarta pata" que dice relación con el intercambio entre colegas. Desde los analistas en formación nos hemos tomado este cuarto eje en serio. Desde OCAL, que es la organización que represento, además de IPSO (International Studies Psychoanalytical Organization) y ABC (Asociación Brasileña de Candidatos) hemos impulsado el intercambio entre pares de manera que los analistas en formación tengan la posibilidad de beneficiarse de nuestras actividades y de una formación con características internacionales. Es de esperar que todos o la gran mayoría de candidatos puedan hacerse parte de esa "cuarta pata", pero mi impresión es que un número menor es el que participa activamente en este ítem. Ya sea por razones de desconocimiento, de tiempo, de las exigencias u otras, pero es de relevancia que este aspecto de la formación tenga un mayor desarrollo, e incluso sea estimulado por los institutos de formación.

Desde OCAL hemos realizado un fuerte trabajo y esfuerzo para fortalecer la vinculación en tanto psicoanalistas en formación latinoamericanos.

En primer lugar, hemos querido franquear las barreras idiomáticas. Brasil concentra la mayor cantidad de institutos de formación en Latinoamérica. Son 15 sociedades que agrupan al mayor número de candidatos de la región. Es así como en todas las actividades que realizamos están ambos idiomas representados. Esto ha permitido ampliar nuestra red internacional como agrupación, porque previamente teníamos la realidad que nuestros compañeros de Brasil quedaban relegados o aislados en su propio país, que tiene características continentales. Nuestra directiva está conformada por analistas en formación que hablan ambos idiomas. Consideramos que dar lugar a la diversidad implica también romper los obstáculos del idioma, y favorecer el intercambio entre todos quienes habitamos nuestra región latinoamericana.

Un proyecto muy valorado que hemos gestionado es el de "Intercambio entre Institutos". Este proyecto lo lanzamos el segundo semestre del año 2021, que permite a un analista en formación, miembro de OCAL y de un determinado instituto, cursar seminarios de otro instituto en otro país de la región. Además de cursar seminarios, tiene la posibilidad de acceder a supervisiones en el instituto elegido. Oportunidad además realizada de manera gratuita. Cuando ideamos y planificamos esta instancia, la pensamos con la finalidad de otorgar a los analistas en formación la posibilidad de conocer otros institutos y así ampliar la perspectiva de la propia formación. Ha sido un espacio que se ha sostenido hasta la actualidad, que ha sido muy valorado y validado por los candidatos, también por quienes forma parte del instituto que ha dispuesto abrir seminarios para compañeros de diferentes países. Inicialmente realizamos una invitación a todos los institutos latinoamericanos, aunque no todos accedieron a esta posibilidad por diversas razones. Para los compañeros que han deseado participar de este proyecto, lo ven como una posibilidad enriquecedora y muy estimulante. El éxito y validación que ha tenido este beneficio hace pensar que pudiera instalarse como una instancia validada para la formación misma del candidato, porque no tiene validez curricular en este momento, sino como un beneficio optativo.

Las organizaciones que representamos a los analistas en formación en Latinoamérica (IPSO-ABC-OCAL) hemos intentado hacer un trabajo conjunto y mancomunado. Nos hemos ido vinculando de manera que nuestros asociados se involucren y beneficien de la "cuarta pata". Fue así que organizamos en conjunto el primer encuentro psicoanalítico presencial en América Latina, luego de las restricciones obligadas por la pandemia de Covid-19. Fue en la Sociedad Psicoanalítica de Río de Janeiro (SPRJ), que nos abrió las puertas para que pudiéramos reunirnos luego de mucho tiempo. Fue un encuentro muy emotivo y esperado, dadas las condiciones en que a todos nos tocó vivir. Se realizó en formato híbrido, y tuvo una gran concurrencia. Hago mención a este encuentro porque darnos la posibilidad de reencontrarnos en la presencialidad fue una manera de fortalecer un espacio de fraternidad entre los candidatos. Nos dispusimos a reflexionar en torno a las implicancias de la atención remota, y de lo remoto en la formación, atendiendo a los cambios epocales.

Otra actividad que hemos sostenido en OCAL es los "Triángulos virtuales" en que tres institutos se disponen a pensar y reflexionar en torno a un tema clínico, teórico y/o técnico, en una mesa abierta a los candidatos que deseen participar, para luego dar lugar a un diálogo que siempre resulta muy fructífero y enriquecedor.

Así como las actividades que he mencionado, realizamos varias más como talleres clínicos, talleres de escritura psicoanalítica, *working parties*, conversatorios interdisciplinarios, etc., que menciono para dar cuenta de un movimiento fuerte que intentamos sostener desde nuestra posición de analistas en formación. Un objetivo es lograr convocar cada vez a un mayor número de candidatos de toda la región para ser parte de los beneficios que entrega OCAL. La "cuarta pata" funciona también como un sostén en tiempos en que transitar la formación se hace álgido. En mi experiencia pienso que quienes se implican en OCAL se va estableciendo una cultura de colaboración entre colegas. Hay un buen ambiente para el crecimiento y la posibilidad de vincularse con colegas y compañeros con ánimo de compartir acerca del psicoanálisis. Se abren muchas puertas en un período sensible del devenir psicoanalistas. En OCAL somos un grupo altamente democrático con autonomía total para el desempeño de nuestras funciones.

Finalizaciones

Hacia el final del período formativo, nos damos cuenta que ha sido solo un período de inicio de lo que será la vida como psicoanalista. Profesión imposible en palabras de Freud. Un devenir que nunca culmina y que, de una u otra forma, se está en constante formación a lo largo de toda la vida. Probablemente, y es esperable, el análisis personal continúa, aunque ya se han terminado los seminarios teóricos y las supervisiones oficiales. Se han elaborado los trabajos finales, y sucede que el analista en formación queda en una especie de limbo en el período que acontece hasta ingresar a su sociedad componente, e incluso recién ingresado a ésta. Puede que sea un período de alta gratificación al mirar el camino transcurrido, de gratitud y satisfacción por haber logrado concluir un período altamente exigente desde varios puntos de vista. También un período altamente enriquecedor.

La gran mayoría de colegas comparten una sensación de profunda satisfacción y de agradecimiento hacia todos quienes han sido parte de acompañar durante el transcurso de la formación, profesores, supervisores, compañeros, amistades, familia etc.

Pero también colegas que terminan la formación desisten de ingresar a su sociedad componente, razones puede haber muchas y variadas, aunque de todas formas es un punto a mirar porque puede develar problemáticas acaecidas durante el proceso formativo que impiden a algunos compañeros sentirse parte de su institución. Algunas de esas problemáticas abordadas con antelación en este escrito.

Lo remoto

la llegada de la pandemia de Covid-19 trajo consigo una serie de cambios y desafíos significativos en nuestra práctica clínica y en la formación psicoanalítica en Latinoamérica, especialmente en el contexto de las instituciones afiliadas a el API. Uno de los cambios más notables ha sido la adopción generalizada de la atención remota o teleanálisis como modalidad terapéutica y formativa en respuesta a las restricciones impuestas por la crisis sanitaria. La adopción de la atención remota en las instituciones del API en América Latina se produjo en varias etapas. En un primer momento, muchas instituciones se vieron obligadas a suspender temporalmente sus actividades presenciales y hubo que buscar alternativas remotas para continuar con la formación de los analistas en formación y la atención de los pacientes. En esta fase inicial, la transición al uso de medios tecnológicos fue rápida pero desafiante, ya que implicaba la adaptación a nuevas tecnologías y la reconfiguración de los procesos clínicos y formativos. A medida que la pandemia continuaba y el teleanálisis se consolidaba como una modalidad terapéutica y formativa viable, muchas instituciones del API en América Latina invirtieron en el desarrollo de infraestructura y la capacitación del personal para apoyar esta transición. Se implementaron plataformas tecnológicas seguras y se proporcionó capacitación en el uso ético y efectivo del teleanálisis tanto para psicoanalistas como para supervisores y analistas en formación.

La adaptación de la transferencia y la contratransferencia al contexto del teleanálisis ha sido otro desafío importante para los psicoanalistas y los analistas en formación en América Latina. La falta de contacto físico y las limitaciones en la comunicación no verbal pueden afectar la dinámica terapéutica y formativa, requiriendo una mayor sensibilidad y atención por parte de los profesionales para interpretar los procesos psíquicos y mantener una conexión sensible con los pacientes y los supervisados. Las vicisitudes de lo inconsciente se producen en toda actividad humana, y el desafío más probable es generar las cartografías para dar cuenta de dichos procesos en esta nueva modalidad.

Antes de la adopción del uso de tecnologías, muchos analistas en formación enfrentaban barreras geográficas y económicas que limitaban su capacidad para participar en programas de formación y recibir supervisión regular. Con la comunicación remota, los analistas en formación ahora pueden acceder a sesiones de supervisión y seminarios teóricos desde cualquier lugar con una conexión a internet, lo que elimina las barreras geográficas y amplía el acceso a la formación psicoanalítica de alta calidad.

Comentarios finales

En Latinoamérica tenemos una tremenda diversidad social y cultural, así como también una importante diversidad étnica con variaciones entre un país y otro. A su vez, relevantes son nuestras similitudes, una de las similitudes es que convivimos con crisis sociales, económicas y políticas en forma permanente. Es en este contexto que la transmisión psicoanalítica se desenvuelve y, también, queda la impresión que este mismo contexto queda, en parte, desatendido. Si nuestras instituciones no logran abrirse a la diversidad latinoamericana, si no se hacen esfuerzos por acercarse a la comunidad, de insistir en una práctica psicoanalítica más inclusiva, de un psicoanálisis implicado, se corre el riesgo de quedar anclados en una suerte de endogamia exclusiva que limita las propias posibilidades que abre el psicoanálisis. Se hace necesario salir del ostracismo de los propios consultorios, de participar más activamente en el ámbito comunitario, incluirnos en políticas públicas, y evitar quedarnos en una práctica para "gente acomodada" como se suele escuchar. Son desafíos que pueden empezar a enfocarse desde la misma formación psicoanalítica, con la autonomía propia de cada instituto.

Los cambios que se suceden en el mundo son vertiginosos, los avances tecnológicos son abrumantes, y nuestra práctica siempre va un tanto rezagada al respecto. Nos encontramos en pleno debate, muy válido, respecto a la viabilidad de adoptar los medios tecnológicos para la formación psicoanalítica, en tiempos que, en pocos años más, las personas que deseen realizar el recorrido de la formación psicoanalítica serán nativos digitales. El desafío será acercarse a las vicisitudes de lo inconsciente en nuevos escenarios para los cuales es necesaria una apertura, más que un cierre en lo tradicional.

Este escrito lo he abordado desde un vértice de apreciación personal y desde las inquietudes que he recogido de compañeros de diferentes países, y las problemáticas que aquejan en mayor medida. Agradezco a la Comisión de Formación y Transmisión del Psicoanálisis de la Fepal por los esfuerzos realizados para dar lugar y voz a los analistas en formación de forma concreta. También agradezco a mi organización OCAL por darme la oportunidad de participar en estos espacios. Como analistas en formación somos "aves de paso", es un tiempo acotado el que transitamos en esta posición, será valioso recordar las problemáticas e inquietudes en este proceso cuando nos llegue el momento de estar imbuidos en nuestras asociaciones.

7. El escenario sociopolítico, la comunidad y la transmisión psicoanalítica

Daniel Delouya

El encuadre de la clínica psicoanalítica, que ha sido la base tanto para el tratamiento de los pacientes como para la generación de conocimiento psicoanalítico, así como para la formación y transmisión de este saber, ha sido, a pesar de su relativa constancia, objeto de un continuo debate durante un siglo, especialmente en las instituciones psicoanalíticas. Como en la ciencia, el encuadre fue descubierto, sus bordes y limites definidos y construidos, poco a poco – inventados -, con el objetivo de optimizar el potencial de sus finalidades. En ambos casos, en la ciencia y en el psicoanálisis, la función del encuadre es alcanzar y acceder a una realidad que subyace a las manifestaciones visibles. Freud, siguiendo el camino de Breuer, después de un período relativamente corto, 9 años de trabajo con el sufrimiento nervioso, se atreve a proponer un diseño de esa realidad psíquica, o mejor dicho, de su constitución. Me refiero a su manuscrito de 1895, *Proyecto de una psicología*, que él rechazó publicar en vida. Es importante recordar que ese manuscrito aparece en la secuencia de varios otros, a partir de la experiencia clínica, inspirada por la visita que Freud hizo a Charcot en 1885, entre los cuales destacamos el manuscrito sobre las afasias de 1891 y el manuscrito G (melancolía) de 1895, donde figuran, respectivamente, diseños lingüístico y fisiológico del aparato del alma, mientras el *Proyecto* es predominantemente económico. La economía, en ese esbozo, es el punto de partida, pero se trata del efecto del lenguaje sobre el cuerpo, sobre su economía. Se trata de un eslabón de transformación, *de engendramiento* de lo psíquico, pero cuya inteligibilidad permanece inaprensible, y es solo posible de descripción. El establecimiento de ese eslabón para la constitución y construcción del mundo psíquico de un recién nacido se refiere a un acto singular que se puede designar como *político*.

¿Por qué político? Si el punto de partida es un cuerpo en desamparo, con falta de medios para lidiar con lo desconocido, el adulto, según Freud, concede al recién llegado un lugar en el *mundo y entre los otros*, transformándolo en sujeto. Esos no son, obviamente, los términos que utiliza Freud para describir los acontecimientos singulares que están en juego. El *desamparo del bebé es la fuente primordial de todas las motivaciones morales*, afirma Freud, despertando en el adulto el valor de compasión. Compasión implica reconocer el derecho de existencia del otro en el mundo, sin embargo ese valor no es de orden general como en la concepción del imperativo categórico de Kant. La desesperación del bebé, afirma Freud, *hace comprender,* remite al adulto, por la vía regresiva, al propio desamparo de tiempo pasado y a la acogida que recibió, lo que le permite ayudar al recién nacido. Pero, eso no basta, a continuación Freud insiste que el adulto necesita ofrecer al bebé un lugar para morar con los otros. Esa morada comprende un área intermedia entre los cuerpos que se ofrece al lenguaje, nombrando los afectos, con palabras, con gestos, con tacto, con afinidad con lo que le está ocurriendo al bebé. Freud resalta que eso consiste en la apropiación reflexiva, en que el adulto proporciona en ese juego entre los cuerpos, imágenes de movimiento, enviandole *noticias de si mismo* al bebé. Lo que el adulto hace es ofrecer un tiempo, en que los estímulos internos y externos se integran en apropiaciones afectivas, constituyendo una morada en el tiempo con el otro. Acá, también, es la vía regresiva en el adulto, convocándolo de nuevo al lugar del niño que fue con su adulto de antaño, para invitar, incitar y seducir tiernamente al recién nacido a estar con los otros, *concediéndole una morada propia en la comunidad.* Veamos, pues, que la regresión en el adulto, despertada por el bebé, envía al adulto al plano horizontal de los intercambios afectivos, su circulación entre el niño en el adulto y el niño que llega.

Es el lenguaje, siempre entre cuerpos, el que sirve aquí de para-excitación, No solo retira los excesos nocivos de los estímulos del mundo exterior, y tamiza sus intensidades, y su realización ondulatoria, para que puedan integrarse en el psiquismo emergente, sino también deteniendo las excitaciones en el interior del bebé, para permitir la conexión en imágenes, capaz de crear un tiempo, el del desvío de las demandas vitales hacia un nuevo terreno: el del lenguaje, el del juego, el de la apuesta por una realidad. La realidad, dice Freud, es una cuestión de creencia, de esperanza, y ésta depende del trabajo del objeto. En él, la desviación del dolor por el nombramiento crea la pulsión sexual infantil, instaura un acervo de memoria, que Freud define como una *efectividad continua de una experiencia*, un reaprendizaje, un tiempo de apropiación como precursor de las referencias autoeróticas.

La transformación de las incitaciones corporales en apropiación, a través del lenguaje, es tributaria de *una comunidad* entre el niño que resuena en el adulto (leído, con la escucha, por su propio adulto de antaño) y el niño en proceso de construcción y constitución a través del lenguaje, donde la vulnerabilidad de los comienzos se convierte, a través de la función para-excitadora del lenguaje, en comunidad. Es aquí donde se implanta el fundamento de la escucha para el engendramiento inagotable del lenguaje, del devenir siempre, del no ser al ser, a través del habla, sujeto, en comunidad. La escucha es, pues, lo que funda el psicoanálisis como esencialmente político. Escuchar es sumergir el cuerpo en el lenguaje, que es, a su vez, tributario de una comunidad.

Ese trabajo es largo y pasa por diferentes etapas – infancia, lactancia, pubertad – marcados por el duelo, hasta la inserción en la *sociedad*. La sociedad es algo diferente de la comunidad, y de las posibilidades que esta ofrece. El duelo se refiere a la pérdida progresiva de la cobertura que el lenguaje concede a los cuerpos para su inserción en una comunidad. El complejo de Edipo, su reincidencia en un segundo tiempo de la lactancia y de la adolescencia, confronta al sujeto con la separación definitiva de los cuerpos, exponiéndolos ante la supervivencia en el mundo y con relación a otros; induciéndolos, por lo tanto, a una rivalidad en medio de las reglas que rigen a la sociedad. La sociedad y la cultura tienen como meta la regulación de las relaciones entre los adultos y la dominación y la explotación de la naturaleza. Desde el inicio, las identificaciones tienen como función no sólo la diferenciación de un sujeto en relación a otro, a su singularidad, sino también de pertenecer a un grupo y a diversos otros según la trayectoria del individuo en la estructura social. Así, las identidades surgen para lidiar con el desamparo del origen, como defensa del mismo, por la creciente noción de separación y la diferenciación del sujeto en medio de los demás.

La cultura expone a la comunidad, y el lenguaje que la constituye, a la prueba de realidad de las necesidades de los otros y de los medios tecnológicos que apuntan la supervivencia en el mundo. En este terreno, lo que prima para los sujetos son las metas, las representaciones-metas de los yoes, de los individuos, frente a las exigencias de la supervivencia donde prevalece la *dominación*, la doma de las tareas, el *desempeño* de las metas regidas por la sociedad. Lo que se convierte, rápidamente, en dominación y explotación del otro, y de su trabajo para alcanzar los objetivos de supervivencia. Las identidades, que denotan el pertenecer al grupo, como género, raza, nacionalidad, religión, sector socioeconómico, etcétera, adquieren un valor en esa explotación, de grados de *hegemonía* con relación a otros en esta lucha social de supervivencia (blanco, católico, educado, macho, rico, etc.). El capital y el capitalismo pasan entonces en primer plano como medio para garantizar, por el poder, una mejor adaptación a la supervivencia de los individuos en el mundo. Se vería entonces como la tensión entre, por un lado, la constitución de la comunidad y, por el otro lado, las exigencias de la sociedad y de la cultura, con el predominio de esta última, *son prestos a destruir* el lazo humano comunitario fundado sobre la escucha y el lenguaje. Ese es el malestar en la cultura.

Un libro, recientemente traducido al portugués, *O despertar de tudo (El Amanecer de Todo)*, con un subtítulo aparentemente pretensioso, *A história da humanidade (Una Nueva Historia de la Humanidad)*, escrito por un antropólogo, David Graeber, y por un arqueólogo, David Wengrow, nos muestra que la vida en sociedad podría ser muy diferente. En este libro, bien documentado, con extensos ejemplos de la historia de los pueblos en el mundo, estos muestran como los pueblos originarios convivían en comunidades igualitarias con aportes culturales significativas de las mujeres y con libertad sexual y cultural impresionante. Los bienes y los inventos tecnológicos eran utilizados, no a favor del poder y del dominio, sino a favor del bien comunitario, en una especie de sociedades anarquistas donde había libertad de intercambio y la posibilidad de desobediencia y de abandono de una comunidad y restablecimiento de otras. Estoy extrayendo, obviamente, una faceta de una organización comunitaria que puede parecer idealizada, *a la Rousseau*, cuando, en realidad, contenía expresiones más variadas y heterogenias en los pueblos originarios; pero una, fue la más predominante. En seguida los autores se preguntan, ¿cómo ocurrió ese desvío hacia ese occidente tóxico? ¿*How we got stucked*? ¿Cómo acabamos siendo presos, estancados?

Planteando esa pregunta en términos freudianos, y míticos: ¿cómo mal toleramos el asesinato del padre todopoderoso de la historia y su duelo? En vez de contar con el nuevo lazo social, del área transicional, inventiva (Winnicott) y de intercambio, nos sumergimos en una estructura social defensiva, mortífera, de dominio, de explotación, de colonización, asentada sobre el miedo? ¿Cómo invertimos esta perspectiva (Bion) en lugar de aceptar lo desconocido y confiar en el lenguaje; en lugar de ello, ay de nosotros, recurrimos al poder, nutrido por el desamparo?

La pérdida progresiva del vínculo comunitario, que debía garantizar un espacio de escucha y ayuda mutua a medida que se ascendía en la escala social, tuvo que ser recompensada por ideologías liberales que prometían prosperidad e independencia a los individuos. La sociedad, con su implantación burocrática y tecnológica, ha traído sin duda prosperidad y longevidad, y particularmente para algunos estratos sociales No obstante, la adhesión sumisa y colonizada de los ideales instrumentales de la cultura, aunque trajera el sentimiento de propiedad y orgullo de cumplimiento, además del éxito en las ventajas de los ideales, viene suprimiendo los sentimientos comunitarios de amor y solidaridad, quedando los sujetos expuestos a la soledad y al miedo al desamparo que irrumpe en los sectores poblacionales explotados e inmersos en la miseria. Eso, solo hace aumentar y acelerar la máquina capitalista. La soledad, por un lado, y la miseria, por otro, vienen impulsando dos categorías de religiones, las dos basadas en la idea de la salvación. De un lado, la salvación por el goce, relajamiento, entretenimiento, drogadicción, obsesión higiénica y estética, todas buscando ya sea por el entorpecimiento, o por el control hipocondríaco y psicosomático, cubrir la evasión del lenguaje y su comunión humana, dando impulso a la alienación de sí mismo y de los otros. Por el otro lado, los más vulnerables al cumplimiento de los ideales van recorriendo las religiones de salvación, religiosas y laicas, buscando alivio en el padre-dios protector, o apoyándose en líderes fanáticos para aliviar su resentimiento y marginalización social. La hipertrofia de ese proceso solo hace aumentar la desesperación, aunque los caminos del goce y de dominación – entre ellas, la embriaguez de la navegación y el surf por las redes y su potencial mágico ilusorio de sobreponerse al tiempo y al espacio, alcanzando noticias, servicios, productos y "amigos" virtuales de todos lados y en fracciones de minutos –, enmascaran esa desesperación de la soledad que asola nuestro tiempo. En medio de esa aceleración, las guerras y los conflictos internos y externos de las Naciones, y la disminución de los recursos naturales, multiplican las amenazas del desmantelamiento ecológico, la guerra nuclear, así como la dictadura digital que son prestos a desestabilizar el conjunto global de las organizaciones humanas de nuestro planeta, así como poniendo fin a las condiciones mínimas de su supervivencia.

Los conflictos y problemas que se generan en función del dominio y desempeño, o sea, de la competencia para sobrevivir, y las identidades en ellas involucradas, de grupos y etnias, así como de diferentes sectores sociales y fuerzas del mercado, acaban siendo el foco de la política, que en este caso se limita a manejar las tensiones en torno de la supervivencia, de las tierras que ocupan, de la prosperidad, de la distribución de ganancia, de la protección del planeta ante la explotación industrial, de medidas de seguridad de la población ante las catástrofes naturales, físicas y biológicas, etcétera. Todo esto que se desarrolla en el plano social acaba alejándonos de los sujetos, sus comunidades y el lenguaje que nutre su alma. Una especie de desvío de la vida humana, mal compensada por las prácticas de goce que la cultura nos ofrece.

Sólo la vida del amor, la vida familiar y comunitaria, el cuidado de los hijos y la amistad, así como el ocio, los viajes y los deportes, el arte, la literatura, el cine y el teatro, la música y la poesía, se nutren de las fuentes originarias del lenguaje y del amor que encarna. Sin embargo, la vida contemporánea tiende a erosionar estas dimensiones de la convivencia humana, depreciándolas, licuándolas, disolviéndolas y reclutándolas hacia las veleidades de los ritmos y espacios de las ofertas y manipulaciones de las presiones y exigencias del trabajo y las leyes del mercado.

E incluso cuando estas experiencias, de gran valor humano, alivian la presión de la amenaza de supervivencia, son incapaces de recuperar el trabajo del lenguaje cuando coinciden en sujetos sufrientes, cuando están atrapados en síntomas que afectan al disfrute de estas experiencias. El psicoanálisis fue descubierto para esto. En otras palabras, Freud descubrió/inventó un método y un encuadre, que le es implícito, que vuelve sobre los pasos de la instauración del lenguaje, recorriendo sus profundidades y liberando los impasses que encontró y que condujeron al sufrimiento que impidió al sujeto expresarse plenamente. La escucha, "dime qué te pasa ahora, dime, si es posible, si ves algo o recuerdas algo", ¿no sería una disposición afectiva que se remonta a los orígenes del grito del bebé, que establece un vínculo entre el niño indefenso, presente en los confines del adulto, y entrar en comunión con el niño del paciente tomado por lo desconocido del grito de sus síntomas y sufrimientos? Sí, el grito del síntoma, inicio de las histéricas, con sus conversiones somáticas, pero no son solo ellas, sino también los obsesivos, fóbicos, melancólicos, psicóticos, así como los atacados por neurosis actuales, de pánico, de neurastenia, y también los hipocondríacos y anoréxicos. Todos se encuentran en la mira del esfuerzo del mapeo del aparato psíquico esbozado a inicio de 1895 (manuscrito M) así como en la carta dirigida a Fliess el 6/12/1896. Poder encontrar una palabra en el habla es poder apropiarse de los ejes de la transformación de los ruegos del cuerpo por las palabras de antes y sus redes ampliadas e infinitas, todas transmitidas por los puentes afectivos del lenguaje del adulto, que provee, según Freud, a partir de su propio cuerpo insertado en el lenguaje, imágenes de movimiento de aquellos que necesitan .ser escuchados La escucha es eso, una para-excitación del lenguaje, que toma partido de la moción retroactiva de la pulsión de muerte, para colocar palabras, imágenes de movimiento del ser naciente, que viene brotando de la fisura de la separación *de la cosa*; en esta *cesura* se encuentra, una continuidad en la comunión del lenguaje y sus redes en creación, una sustitución continua e inagotable en medio de la pérdida irreparable e inexorable del mítico seno materno.

Carencias en medio del origen, en la vida psíquica de los adultos, son susceptibles de intrusiones o de ausencias y abandono, de variadas formas, y son capaces, por lo tanto, de generar impases en el trabajo del lenguaje y en la inserción en la comunidad del recién nacido. Escuchar, mirar con la *asistencia ajena* y el lenguaje que proporcionan, por lo tanto, constituyen este terreno político, emparejado con diversas técnicas adquiridas en la historia del psicoanálisis; un encuadre posibilitador de la dirección hacia la cura, implícito al potencial inagotable del lenguaje. El encuadre se remite a la constitución de la vida humana y su esencia comunitaria. Es por medio de él que se puede implementar una reparación aproximada a los traumas encontrados en el camino de la constitución del ser, demandando, a veces, las construcciones y reconstrucciones de la vida psíquica.

El debate sobre las condiciones técnicas del encuadre de la escucha, atraviesa toda la historia del psicoanálisis. Y a partir de él, todo lo que se dice al respecto sobre la transmisión y la formación del analista. No hay duda que una frecuencia alta de 6, 5, 4 o 3 encuentros semanales es necesaria para que la regresión del trabajo de la escucha adquiera la plena efectividad para alcanzar la meta de reparación y construcción en función de los traumas de la historia del sujeto.

Sin embargo, no son las condiciones empíricas las que determinan la suficiencia de esa *asistencia ajena* que Freud remite a la constitución de origen. Se trata de la calidad de la atención-singular, con tenor regresivo en el lenguaje de quien se encarga de la escucha. André Green creó el término de *encuadre interno* del analista para la generación de la tercera área o el *tercero analítico*, según Ogden. El encuadre interno, con su potencialidad de promover la comunión en el lenguaje, el tercero analítico, remite, según Green, a la *estructura encuadrante* del objeto de origen, con su función de para-excitación, la invitación y la seducción, por el lenguaje, a la vida; la estructura encuadrante constituye los ejes de la escucha. Por lo tanto, los parámetros empíricos del consultorio, frecuencia y acuerdos de pago son solo condiciones exteriores para esa función y ellos pueden variar siempre que la escucha se mantenga. Una analista kleiniana se sintió impactada, un día cuando su paciente le decía 'no todo es vos y yo; y lo que siento y pienso acá y ahora comprende, al final, menos de cuatro horas de las 168 horas en la semana, en la mayor parte de las cuales atravieso muchas otras cosas'. El paciente aludía a una dimensión que necesitaba ser oída y desarrollada y que se situaba fuera del espectro de las proyecciones en la cual la analista hasta entonces se esforzaba en aprehender al paciente. El encuadre de la escucha en el análisis no puede ser reducido a un simple medio de observación que se puede obtener en analogía a las pruebas aplicadas dentro de un tubo de ensayo, a una placa de rayos X o a una resonancia. No disponemos de esas herramientas para darnos cuenta de lo que ocurre "plenamente" en la vida psíquica del otro. El punto clave aquí es que el medio del "experimento" *somos nosotros*, el analista y nuestro equipo, incluidos nuestros análisis y teorías, y que este medio apunta a observar no solo lo que ocurre "dentro" del otro, si no también tiene como objetivo dar lugar a lo que *no ocurrió hasta entonces* y anhela ver a la vida junto con otro. Esa disposición en la función y en la estructura encuadrante de la escucha del analista no se reduce a la frecuencia y a la duración de la sesión y del análisis. Aunque existan condiciones empíricas mínimas para que el proceso analítico pueda prosperar.

Un análisis, entonces, que pretende retomar y encontrar los vestigios de nuestros traumas, de nuestras defensas de carácter entre otros impases, necesita con seguridad de una frecuencia y duración razonable para las transformaciones del ser por la escucha y la palabra. Es una experiencia que dura o puede durar de 3 a 20 años o más, y que, en cualquier caso, persiste mientras dura, realizando un análisis que no necesariamente va acompañado de un profesional. Sin embargo, la escucha que tiene por objeto restablecer el vínculo comunitario que proporciona el lenguaje, puede tener efectos terapéuticos y de otro tipo que no están necesariamente guiados por los encuadres empíricos establecidos por la formación estándar del modelo de Eitingon. La instrumentalización por el encuadre interno del analista puede implementarse, además de la supervisión y la reflexión teórica, en espacios terapéuticos de pareja, familiares, grupales, comunitarios en barrios vulnerables, a través de diversos medios, atención a las dinámicas grupales, el juego, la lectura de cuentos a los niños, etcétera El psicoanálisis extramuros (Laplanche) o en la clínica ampliada (Herrmann) donde la escucha se aplica a una obra de arte, a un fenómeno de grupo, a una manifestación política, etc. tiene efectos muy beneficiosos para todos los que ocupamos el escenario cultural.

Me gustaría ahora ~~de~~ volver a enfatizar que la escucha con su oposición y resistencia a las tendencias deshumanizantes y destructivas de las metas culturales la transforma subversiva a la cultura, situando al psicoanálisis como motor crítico a esta última. Esta nos obliga a un control constante contra la destructividad que puede infiltrar a la misma práctica analítica. El Yo se adhiere a las metas de supervivencia dictadas por la cultura que tienden a alejarnos de la escucha y, en ese sentido, la idea de un estándar, surgiendo como la identidad defensiva del grupo de psicoanalistas, puede obstruir los ejes de las potencialidades de la escucha. Aferrarse a los parámetros empíricos del encuadre puede ir en detrimento de los requisitos de apertura que la escucha nos proporciona. La correspondencia entre Freud y Fliess, en la cual se creó un espacio de escucha analítica privilegiada, nos resalta cuán importante el trabajo del análisis aloja tesoros a ser explorados. Así pues, la pandemia nos ha demostrado que la escucha a distancia tiene sus ventajas y alcances, que hasta ahora se sospechaban. Los beneficios de atender online, en función de condiciones especiales como la pandemia, de-enfermedad y de impedimentos políticos, ambientales y geográficos, pueden ser aprovechados, obviamente dentro de ciertos límites, conforme a la particularidad de la estructuración psíquica de los pacientes en cuestión. No solo Freud, también otros como Ferenczi, Winnicott, Bion y Meltzer condujeron análisis en encuadres variados que demuestran la potencialidad de esa apertura a la creación del sujeto por medio de la escucha. Ninguna imposición empírica encuadrante garantiza la eficacia de la escucha analítica. Esta se regula por la atención regresiva en el analista, por el lenguaje, que tiene como objetivo facilitar al sujeto la progresión de su creación.

El acceso al mundo psíquico, de comunión en el lenguaje, se produce a través de aportaciones sensoriales, corporales, desde el principio, entre los cuerpos, y se renueva con cada encuentro humano. Sin embargo, los accesorios materiales como anteojos, teléfonos, auriculares, pantallas de sonido y vídeo, escritura, etc., son medidas de extensión, como señaló Freud, de estas vías intermedias al mundo psíquico. Si hablo con mi hijo, afirma Freud, que está en mi pensamiento, por teléfono, es diferente de estar con él en persona y poder abrazarlo, etc. Sin embargo, el intercambio de afecto, la idea de lo que le ocurre con él etcétera, tiene sus efectos a distancia. Del mismo modo, los medios intermedios de correspondencia o comunicación en tiempo real a distancia permiten un acceso razonablemente intenso a este mundo psíquico. El hecho de que estos medios sean extensiones, como dice Freud, de nuestras aportaciones sensoriales, hacia las dimensiones no sensoriales del mundo psíquico, nos proporciona una sólida inelegibilidad metapsicológica de lo que constituye la experiencia cotidiana del mundo civilizado.

El escenario sociopolítico en su conjunto, así como sus espectros particulares, por ejemplo, las sociedades y organizaciones de psicoanalistas, deben ser sometidos a la escucha psicoanalítica crítica para librarlos – precisamente por las consecuencias que el pensamiento psicoanalítico deriva de la escucha – de las tendencias destructivas de la cultura y de sus avances burocráticos y tecnológicos. Estos últimos actúan contra el lenguaje y el vínculo comunitario, como mostramos anteriormente.

Cuando nos referimos a la escucha de manera en general, y que no podemos desarrollar con su debida atención, estamos refiriéndonos a la dialéctica compleja entre el lenguaje y la demanda de la construcción del cuerpo, desde su desamparo, por el otro y su aporte lingüístico. El área intermediaria está entre el yo y el sujeto, el primero pautado por el desamparo y las defensas identitarias, por un lado, y el segundo por el lenguaje y su herencia histórica, simbólica, por otro lado. La heterogeneidad provocada por el *psicoanálisis contemporáneo* entre los ejes negativos y positivos de la vida psíquica – donde se introdujo un fecundo diálogo e integración entre la herencia lacaniana y los aportes ingleses, siguiendo la línea de Abraham, Ferenczi y Klein, reflejadas en las obras de Balint, Bion y Winnicott, entre otros –, pueden ser encontrados en la extensa obra de André Green y de manera íntima y un poco más restricta también en las obras de Pontalis, Fédida, McDougal y Ogden. No podemos explicitar, con la debida consideración, esas contribuciones. Lo que preferimos destacar es el aspecto destructivo de la organización y los rumbos de la cultura para con el sujeto, que fueron denunciadas en el pensamiento de Freud a fines de los "años 20" del siglo pasado (Green) y que han sido elaboradas con cierta profundidad, pero no lo suficientemente, por Green. La hipertrofia de las mociones defensivas del yo ante el desamparo se expresa a través de las metas en relación a la regulación de las relaciones entre los seres humanos y el dominio sobre la naturaleza, que se matizan en el masivo arsenal del afán burocrático y tecnológico, superponiéndose a ellas contra los deseos comunitarios, humanos, del sujeto.

El capitalismo de vigilancia introducido masivamente por la tecnología algorítmica ha traído, dentro de las promesas de disfrute y con creciente eficacia del esquema generalizado del neoliberalismo, una nueva y peligrosa dictadura enmascarada para el sujeto contemporáneo. Aunque las ofertas se particularizan y diversifican, según el cálculo algorítmico de los datos disponibles sobre los individuos, los embriagan con la ilusión de un poder mágico que puede adivinar sus demandas útiles y, por tanto, abastecerlas en una fracción de segundo, siendo el espacio también insignificante como límite. Todos ellos se circunscriben a las representaciones metas del narcisismo yoico, sin dejar espacio para la creación del sujeto con relación a lo que le falta afectivamente. En este sentido, el *Gran hermano* del régimen dictatorial del libro de G. Orwell que sabe todo sobre vos y, más aún, está atento a todo lo que lo que pueda complacerte, mimándote hasta los ínfimos deseos del cuerpo y del alma. Es donde se sitúa la etapa del espejo de la infancia donde el niño confía al adulto el conocimiento de todo lo que a él le ocurre y sucede y también de todo lo que él necesita y puede ser atendido. Esto introduce toda la lógica de la colonización y la dominación del régimen dictatorial, que se extiende a los anhelos de salvación relacionados con el desamparo ante lo desconocido de la vida. Esto da lugar, sobre todo para los sectores más vulnerables de la población, a la opción de elegir líderes que cumplan los *supuestos básicos* (Bion) del goce en la dependencia, el apareamiento y la lucha y la fuga. Estos se relacionan con regímenes de fusión narcisista con el objeto primario, alojándose respectivamente en el seno-ojos de la madre, en su vagina y en el claustro de su intestino grueso, según la elaboración de Meltzer, evitando la separación, la noción de soledad y el engendramiento del lenguaje y sus lazos comunitarios. Este triste panorama resurge con cada crisis con la aparición de líderes de derechas y sus agendas y plataformas de *supuestos básicos* que afloran en diferentes regiones del mundo.

Otros estándares y acopladas ideologías se suman en la cuenta de la defensa ante el desamparo creciente, todos relacionados con el control ante el derrumbe. Me refiero al control en las nuevas costumbres en relación a la higiene, salud o belleza que pretenden lidiar con las amenazas hipocondríacas y las eclosiones psicosomáticas, así como las prácticas de goce en la drogadicción lícita o ilícita que intentan lidiar también con el insomnio y la depresión, ambas señalando la carencia de la escucha y de soñar. En todas ellas podemos encontrar una reversión de perspectiva del lenguaje erigiendo los fetiches de dominio y restauración del cuerpo, sus goces y su longevidad, donde figuran promesas de resurrección póstuma dejando como resguardo células y embriones, clones de resurgimiento en el futuro, tras la muerte de cada uno de nosotros. La confianza en la tecnología en este caso se pauta también en valores hegemónicos de identidades con identificación en torno del género, raza y otras características que prometen garantizar mejor adaptación a los tiempos venideros.

Hay varios aspectos y dimensiones de la vida en sociedad contemporánea que trabajan en la dirección de mejor y mayor garantía de la supervivencia, pero en detrimento del lazo comunitario y el lenguaje que la conduce. Seleccionamos solo algunos a título de ejemplos. Los medios de supervivencia son importantes y necesarios siempre que no enmascararen los deseos del sujeto y de la vida. El problema que enfrentamos con ellos es cuando sacrifican la vida psíquica que el psicoanálisis viene a rescatar. Ser psicoanalista significa pertenecer a una comunidad de sujetos que comparten un objeto de estudio, el alma humana, y un método de investigación que es lo mismo que el tratamiento, o sea, la escucha, que apunta a recuperar el alcance del lenguaje para la vida. En este trabajo contamos con una gama muy amplia de teorías y técnicas guardadas, con la opción de privilegiar a unos u otros para nuestro uso. El análisis del analista es importante para lidiar con las formaciones singulares de nuestras defensas ante el lenguaje y sus potencialidades de pulsación de vida que vierten nuestra alma en dirección a la supervivencia dictada por las fuerzas mortíferas de la cultura. El amor, el juego, la amistad, la comunidad, el arte, la literatura y la unión con la naturaleza son las señales por donde el lenguaje y la comunidad pueden expandirse. A menudo se olvida que, al tiempo que el lenguaje transforma el cuerpo, éste lo extiende y expande, mediante el movimiento de *introyección* (Ferenczi), hacia la naturaleza en una especie de animismo creador, de morada en el mundo, como en los vínculos establecidos entre los niños y la naturaleza, fuertemente conservados entre los pueblos originarios, y cuyos ecos vivos resuenan para nosotros en obras de artes plásticas, musicales y literarias, así como en paseos y deportes de ocio. El trabajo de análisis pretende reconducir al sujeto a estas fuentes de disfrute del lenguaje.

Lo más importante en el trabajo analítico es la escucha, el lazo comunitario con el lenguaje que la caracteriza. ¿En qué medida la formación analítica puede venir a desvirtuar ese trabajo? No hay duda que las instituciones precisan respetar la jerarquía y la estructuración de la formación y de la transmisión. No obstante, la dimensión política que caracteriza la posición del sujeto requiere una plena libertad de hablar y también de reservar parte de esa habla para sí mismo, y no haciéndola pública a otro. Fue esta la razón por la cual el análisis del candidato, fue de a poco, preservada del control institucional y solo observada por sus consecuencias en el trabajo de la supervisión, en los seminarios y en la participación del candidato en la institución. Y así mismo, la preocupación con la identidad del psicoanalista llevó a ciertas instituciones a vigilar el encuadre empírico de los análisis de los analistas en formación. Aunque son el dolor y el sufrimiento lo que lleva frecuentemente al sujeto a procurar un trabajo analítico y luego optar en ser un analista, ese trabajo del análisis es, paradoxalmente, no computado a su favor. La institución le solicita al candidato haga un análisis estándar con analistas de la institución calificados dentro de un encuadre modelo, con frecuencia y duración previamente determinados. El candidato precisa, en la mayoría de los casos, abandonar la comunidad íntima de la escucha que estableció con su analista, para amoldarse a los requisitos institucionales. Una violencia que puede ser tolerada en cierta medida, pero cuyas heridas no son siempre fáciles de diluirse. Hay que preguntarse, cuánto de escucha en un encuadre estándar hiere en cierta medida la libertad necesaria al trabajo de la escucha, ya que se acaba insertando en el trabajo analítico en el juego de la supervivencia y de la colonización dictadas por el mercado de la cultura.

La transmisión del psicoanálisis debe ser realizada en conformidad con el método de psicoanálisis, que es la escucha. En este caso se trata de transmisión entre las generaciones para garantizar el espacio de la *polis*, el más democrático, el de la escucha del sujeto, de su pulsión sexual y los impases que la confrontan en la cultura. Por eso, el psicoanálisis, a través de sus instrumentos de formación debe arriesgarse en mantener ese espacio democrático a lo que se refiere justamente al aporte freudiano más importante, de la *deformación* efectuada por la plasticidad del lenguaje en el cuerpo y que debe ser retomada en la escucha de la cura privada y de la cultura. En 1923, Freud reafirma esto (*Josef Popper-Lynkeus y la teoría de los sueños*), insistiendo que esa fue su única gran contribución. En este sentido un encuadramiento estándar puede sofocar toda esa tarea original. El reflejo del análisis de los analistas en formación, y de sus formadores pueden darse en las expresiones que se crean en torno a las supervisiones y los seminarios y en la convivencia dentro de las instituciones. Estos no solo se limitan a los tradicionales casos clínicos, sino también a los trabajos junto a la comunidad, en el análisis de producciones del arte, del cine, de la vida política y de todos los fenómenos culturales contemporáneos. Los analistas deben involucrarse, por lo tanto, en la crítica, a partir de su escucha, de las cadenas destructivas de la cultura y sus medios de supervivencia para el rescate del lenguaje y de los lazos comunitarios que lo constituyen.

Breve nota
Por un psicoanálisis implicado

Cecilia Teodora Rodríguez

Durante los cuatro años que duró nuestra gestión, fue contundente el impacto que tuvo el paso al trabajo no presencial en el trípode de la formación, y los desafíos e interrogantes acerca de las posibilidades y límites en la transmisión del psicoanálisis. Esto ha sido un tema central en los debates y controversias de este tiempo. Sin embargo, todo esto se inscribe en el contexto de los cambios epocales en los que la tecnología esta produciendo impresionantes transformaciones culturales que inciden en la vida cotidiana y la subjetividad en un mundo cada vez más globalizado

Teniendo esto en cuenta, nuestro trabajo se ha centrado en diversos ejes de diálogo y reflexión. Hemos profundizado tanto en la clínica psicoanalítica, explorando la práctica y resaltando el campo de la supervisión como un importante recurso de investigación que, en estos años, han podido en general, y sobre todo en el caso a caso, acompañar posibilidades y limites en los distintos formatos y encuadres, en los que analistas y analistas en formación trabajaron de modo general, y por largo tiempo, desde 2020.

También hemos destacado la relevancia de los contextos socioculturales, históricos, políticos, geográficos y económicos en los cuales el psicoanálisis se desarrolla, y cómo estos contextos nos interpelan como psicoanalistas.

Dimos así espacio a la relevancia que en la formación de psicoanalistas tiene el posicionarnos por un psicoanálisis *implicado.*

Con esto pensamos en la pertinencia de que los programas de formación puedan expandir el campo psicoanalítico tradicional, integrando da dimensión del lazo social, y sus malestares en el terreno de la comunidad, en su práctica y teoría.

La idea es propiciar una formación psicoanalítica con la rigurosidad de la transmisión clínica, y a la vez, reconocer la interconexión entre lo psíquico y social promoviendo una práctica psicoanalítica comprometida también con el trabajo frente a los malestares de la cultura.

Son muchos ya, los psicoanalistas implicados en proyectos en la comunidad. La cuestión ha sido no solo lo que ellos aportan en ese campo, lo cual es valiosísimo, pero también escuchamos voces que se pronunciaron en relación a lo que ese tipo de trabajo aporta a la formación de los psicoanalistas.

¿Qué lugar tiene esto dentro de los institutos?

Considerando que dentro de los malestares de la cultura se inscriben aquellos estructurales, y nos hemos sumado a los esfuerzos de los colegas que desde distintas latitudes se han pronunciado por la visibilización de formas de discriminación, marginación y la herencia de historias transgeneracionales cuyos efectos no podemos, ni debemos soslayar. Podemos plantear como un imperativo ético el promover una práctica psicoanalítica más justa, inclusiva y comprometida con el cambio social.

Consideramos de gran relevancia la reflexión crítica sobre las instituciones psicoanalíticas y sus prácticas, cuestionando como pueden reproducir o desafiar las estructuras de poder y exclusión.

Felizmente, a partir de 2020, la multiplicación de actividades científicas mediante plataformas digitales ha incrementado los intercambios interinstitucionales en los que en la diversidad de planteamientos, todos nos hemos visto confrontados, en mayor o menor medida, por lo que no habíamos pensado.

"En mi país no hay racismo, ese problema no lo tenemos en mi institución." ¿Estamos seguros de que eso es así? ¿No es un asunto que nos atraviesa a todos, directa o indirectamente? ¿No tiene resonancias en el clasismo y otras formas de discriminación social? ¿Podemos los psicoanalistas encerrarnos en nuestros consultorios, con una práctica centrada en una franja social? o podemos considerar el modo de que el psicoanálisis tenga otros alcances y posibilidades, dando continuidad al anhelo expresado por Freud, quien abogó por hacer el psicoanálisis accesible, no solo a una elite. En varios de sus escritos y cartas, Freud expresó su deseo de democratizar el conocimiento psicoanalítico y con ello extender el alcance del psicoanálisis más allá de las clases altas y hacer que sus beneficios sean accesibles para la población en general

Esos temas estuvieron presentes en las discusiones y en el trabajo de este periodo

Propuesta de posicionamiento latinoamericano

Comisión de Formación y Transmisión del Psicoanálisis de Fepal

- ¿Qué relevancia tiene una propuesta a partir del trabajo llevado a cabo en Latinoamérica?
- ¿Qué margen de autonomía pueden tener los institutos para definir sus políticas sobre el trabajo remoto?
- ¿Qué relevancia tiene la democracia en el ámbito de la política institucional?

La propuesta de un posicionamiento latinoamericano con respecto al trabajo remoto en la formación psicoanalítica deriva del diálogo entre miembros y analistas en formación de las distintas sociedades de la Fepal, y también de ILAP a partir del 2020.

Fue en el debate abierto que entre las distintas voces que expresaron, se planteó la necesidad de que del debate surgiera alguna propuesta.

Es claro que el hecho de proponer un posicionamiento latinoamericano no implica que haya un posicionamiento singular. Al contrario. Considerando la importancia de la diversidad de perspectivas, la propuesta es dar lugar a esta diversidad que en conjunto caracteriza nuestra región. Por lo tanto, la propuesta de posicionamiento latinoamericano consiste en tener en consideración la diversidad de contextos, necesidades y perspectivas de los distintos Institutos de Latinoamérica, y la relevancia de esto en sus políticas en torno al trabajo a distancia en la formación.

En relación al trabajo, hemos constatado situaciones totalmente antagónicas. Por ejemplo: mientras hay institutos que por el poco número de analistas, o por los problemas de endogamia que han manifestado, ven en el teleanálisis la posibilidad de que sus miembros se analicen con colegas de otras sociedades, mientras que al mismo tiempo otros institutos lo ven como una amenaza al logro de la consolidación de una identidad societaria.

Hay otros institutos en los que debido a la fuerte necesidad de migración tienen en la posibilidad del trabajo remoto el modo de dar continuidad a la pertenencia activa en sus institutos.

Estos son solamente algunos ejemplos de situaciones que contrastan. Hemos visto que en por lo menos un instituto se ve como deseable para la formación psicoanalítica en el contexto de nuestro tiempo, el que los analistas en formación puedan contar con las dos experiencias analíticas. Analizarse y analizar de modo presencial y remoto, con el fin de habilitarse en dos modos de trabajo analítico, considerando que el teleanálisis es cada vez más solicitado en nuestros días.

Entonces, con la idea de dar lugar a distintas perspectivas, y con la idea de que las diferencias complejizan la unidad, y de hecho pueden enriquecerla, es que fue tomando forma una propuesta de posicionamiento latinoamericano.

Este posicionamiento fue respaldado por la Comisión Directiva de la Fepal, presentado a los miembros latinoamericanos del *board*, presentado al Comité de Educación de la API, y sus implicaciones, autonomía, democratización y exogamia fueron discutidas en el XXI Encuentro Abierto de Institutos 2023.

Muchos colegas se han sentido representados por esta propuesta, probablemente otros no. Pero eso confirma las diversas perspectivas en torno al tema del trabajo remoto, que para muchos se inscribe en los cambios epocales que interpelan al movimiento psicoanalítico, con una clínica de la que surgen desarrollos teóricos y técnicos en el contexto de la subjetividad de nuestro tiempo, mientras que para otros puede estar el deseo de volver a lo de antes de la pandemia, y sostener lineamientos que también se establecieron institucionalmente entre debates y controversias.

Antecedentes

Nuestra propuesta deriva del trabajo que hemos llevado a cabo desde 2020 con miembros y analistas en formación de todas las sociedades de la federación.

El antecedente más directo surgió del debate abierto *¿Y ahora qué hacemos?*, que organizamos en mayo 2023 y reunimos 270 participantes: analistas, analistas en formación, dirigentes de sociedades psicoanalíticas de Latinoamérica, y directivos de la Fepal, OCAL y ABC e IPSO.

Este debate tuvo como punto de partida la carta escrita por colegas de distintas sociedades de la Fepal, todos con amplia experiencia en el campo de la transmisión del psicoanálisis, quienes expresaron disconformidad y la necesidad de una reflexión colectiva con aportes críticos, respecto a las *Directrices de la formación a distancia durante el período de transición*, enviadas a la membresía del API el 14 de diciembre de 2022.

En continuidad con el debate abierto, en la *II Reunión de Directores de Institutos de Latinoamérica* trabajamos sobre perspectivas, posiciones y propuestas de acuerdo a la experiencia transcurrida en los diversos institutos.

Tras esta reunión, planteamos la propuesta de un posicionamiento latinoamericano con respecto al trabajo remoto en la formación psicoanalítica. Posición que, considerando las particularidades de los diversos institutos, y el importante trabajo que se ha llevado a cabo al interior de ellos, propone un margen de autonomía para que las comisiones de enseñanza puedan establecer criterios para cada eje del trípode, de acuerdo a las necesidades y particularidades de su instituto.

Contexto internacional

Los cambios en el marco de transmisión del psicoanálisis practicado por todos en períodos significativos, de uno a tres años de la pandemia, permitieron una evaluación crítica, matizada en discusiones orales y escritas a partir de estudios clínicos, sobre una mayor elasticidad de transmisión y la práctica del psicoanálisis bajo ciertas condiciones y según los casos particulares de que se trate.

Si el API, a través de las recomendaciones de su TF2, está dispuesta a integrar esta elasticidad en las formas de practicar y transmitir el psicoanálisis, esperamos que los términos de la misma se dejen a la *autonomía de cada instituto*, que, según su criterio, equilibrando el rigor científico con las diversas necesidades (geográficas, políticas, etc.), pueda definir sus propios parámetros sobre sus reglamentos de formación.

Como antecedente, recordamos que en el API, además de las opciones de tres modelos de formación psicoanalítica (Eitingon, Francés y Uruguayo) hay:

1. variaciones en las normas de los cuatro ejes de transmisión del psicoanálisis (períodos de análisis, su superposición con informes clínicos, etc.).
2. La penetración del API en Europa del Este, China y los países de América Latina con ILAP se produjo sin imposición previa de

los modelos mencionados anteriormente, sino a través de medios remotos y combinados.

3. El API integró grupos enteros cuya formación tuvo lugar fuera de ella a juicio de su comisión ING y que actualmente tienen como objetivo un grupo de Alemania y otro de Israel.

Estos tres datos históricos no hacen más que reforzar las posibilidades de apertura hacia la autonomía de práctica y transmisión que creemos beneficiosas para el psicoanálisis en Latinoamérica.

Trabajo en Latinoamérica

Hemos estado atentos a los Comunicados del API y estudiado cuidadosamente el informe de la Task Force *Remote Analysis in Training* y esperamos con mucho interés el informe de su segunda gestión como *Task Force Psychoanálysis on Contemporary Times* (TF2).

Hemos leído también con mucha atención los documentos enviados por el Comité de Educación del API (PEC) tras el DOT's Meeting que tuvo lugar en el marco del Congreso del API en Cartagena (2023).

En general, podemos decir que estamos en sintonía con dicho trabajo, pero nos parece importante resaltar la relevancia que tiene también el trabajo que se está haciendo en Latinoamérica en lo que respecta a la transmisión del psicoanálisis, y la necesidad de que este sea tomado en cuenta en el marco de las discusiones dentro del API con relación a un tema que nos concierne a todos.

- Congreso Didáctico (2020) *Cartografías en la Transmisión del Psicoanálisis: Fronteras y Horizontes.*
- Ciclo de Siete Mesas de diálogo 4x4 (2021) entre directores de instituto y analistas en formación.
- XXI Encuentro de Institutos (2021) *Transmisión y Formación psicoanalítica en movimiento: perspectivas latinoamericanas*).

  I Reunión de Directores de Instituto (2022).

- Congreso Didáctico (2022) *Travesías en la formación psicoanalítica: perspectivas latinoamericanas.*
- Debate abierto *¿Y ahora qué?(2023).*
- *II Reunión de Directores de Instituto (2023).*

Convenir sobre el modo de continuar implica considerar también el valor del trabajo llevado a cabo dentro de nuestros institutos y también lo trabajado entre ellos, es decir, el trabajo que se ha llevado a cabo en Latinoamérica.

Posicionamiento latinoamericano

Trabajo remoto en la formación psicoanalítica

La propuesta de un **posicionamiento latinoamericano** con relación al trabajo remoto en la formación psicoanalítica, que contribuya con el trabajo que viene siendo realizado por la API, deriva de las muy diversas perspectivas de analistas y analistas en formación de las sociedades latinoamericanas afiliadas a la API y la Fepal. Perspectivas que hacen parte de la complejidad y de la riqueza de nuestra región y que han dado lugar a pensar, discutir y proponer algunos planteamientos que consideramos importante sumar al diálogo encaminado a las decisiones con relación a los lineamientos sobre el trabajo remoto en la formación psicoanalítica.

Suscribimos el trabajo remoto en la formación psicoanalítica en el contexto de los cambios epocales, y la necesidad de inclusión en regiones donde no existe formación psicoanalítica. El sustento de todas las reflexiones y las consideraciones al respecto tiene ejes clínicos (metapsicológicos y técnicos) y el eje de política institucional.

De los diálogos interinstitucionales que como comisión hemos llevado a cabo desde 2020, ha resultado palpable que en nuestra región hay diferencias y contrastes entre institutos, lo que hace difícil una estandarización de lineamientos sin que esto vaya en detrimento de la singularidad que implica la consideración de aspectos socioculturales, geográficos, económicos, históricos y políticos que hemos constatado que no quedan al margen de la transmisión del psicoanálisis.

A partir de esto, es que el **posicionamiento latinoamericano** propone un margen de autonomía para que pueda confiarse a cada instituto el discernimiento acerca del modo en el que el trabajo remoto pueda hacer parte de cada uno de los ejes del trípode de la formación, estableciendo los acuerdos que se consideren necesarios dentro de cada sociedad.

Ha sido totalmente palpable el interés, cuidado y compromiso de los directores de Instituto de Latinoamérica, comisiones de enseñanza, directivas, y analistas a quienes se les confía la responsabilidad de la función didáctica, por sostener las mejores condiciones para la transmisión del psicoanálisis, aun en situaciones inéditas.

Es a partir de esto, y considerando el importante trabajo que se lleva a cabo en la interna de nuestros institutos, y también entre ellos, que nos pareció importante coconstruir una posición latinoamericana que dé lugar a las diferencias de nuestros distintos contextos societarios.

Autonomia de los institutos

La autonomía de los institutos implícita en la propuesta que estamos presentando es con relación a lineamientos sobre trabajo remoto en la formación psicoanalítica.

Se trata de una autonomía que sostenga el entramado de vínculos societarios dentro de la propia región y con otras regiones del API. Ser parte del API, ser parte de la Fepal y ser parte de la sociedad de pertenencia se articulan en una identidad institucional en la que las diferencias complejizan la unidad, y de hecho pueden enriquecerla.

Esperamos que esta propuesta pueda articularse con las recomendaciones que hará la Task Force (TF1 y TF2) a partir del intenso trabajo que por 4 años han llevado a cabo. Es de gran relevancia el margen de autonomía de los institutos en la posibilidad de que en cada uno de ellos se puedan tomar dichas recomendaciones, integrando también lo que ha surgido del trabajo llevado a cabo dentro de los institutos a lo largo de este tiempo en los que, al interior de cada uno, pudo sostenerse adecuadamente la formación psicoanalítica sin directrices uniformes.

En Latinoamérica tenemos algunas de las sociedades más numerosas del mundo, y otras que se cuentan entre las más pequeñas. Hay ciudades en las que se encuentran varias sociedades psicoanalíticas y otras en las que, a falta de institutos, cambiar de ciudad o viajar era la única posibilidad de analizarse o formarse. Se da el caso de algunas sociedades endogámicas, con los riesgos que eso implica y otras que sostienen mayor intercambio con colegas de otras sociedades que colaboran en alguno o los tres ejes del trípode.

Lo que es un hecho es que en todas estas, lo excepcional del trabajo remoto en el trípode de la formación pasó a ser habitual en estos últimos tres años. Y tras las dificultades iniciales, incluso resistencias, en 2022 la encuesta realizada por la Coordinación Científica del Fepal dejó ver que el 75.3 por ciento de las 450 personas que respondieron (analistas y analistas en formación) indicaron que tras la experiencia transcurrida desearían poder sostener la posibilidad del formato híbrido en su práctica clínica.

Epilogo

Resaltamos la relevancia de los informes que presentamos en los sucesivos Consejos de Presidentes de Fepal, como un modo de ponerles al tanto de todas nuestras actividades y proyectos. Resaltamos también la riqueza de las reuniones y diálogo con la Directiva de Fepal y con los representantes latinoamericanos del Board. Asimismo, la importancia de los informes y comunicados que hicimos llegar al Comité de Educación de IPA, agradeciendo también el diálogo y trabajo colaborativo con sus miembros latinoamericanos en diversos momentos de nuestra gestión.

Sabemos la importancia que ha tenido, históricamente, el posicionar los aportes, contribuciones, autores y experiencias que tanto suman al psicoanálisis colegas de nuestra región. Esperamos que cada vez se incluyan más en la bibliografía de los seminarios.

Nuestra intención fue desde el inicio contribuir con el movimiento psicoanalítico y su transmisión, buscando democráticamente consensuar acuerdos, y también poniendo a trabajar los desacuerdos, y acercar esto al diálogo y debate intercontinental.

La transmisión alude al paso de las generaciones, y ha sido de gran importancia sumar las voces de analistas en formación de Latinoamérica en lo que respecta a su propio proceso formativo.

Los analistas en formación estuvieron presentes en casi todas las actividades que organizamos. En muchas fueron coparticipes, lo cual ha implicado un importante movimiento institucional.

Durante el proceso de edición de este libro, organizamos un encuentro con OCAL, titulado *La formación psicoanalítica en América Latina*. Esto posibilitó un fecundo intercambio de ideas, partiendo de un panorama amplio acerca de quienes son los analistas en formación en Latinoamérica hoy en día, sus planteamientos, inquietudes. Tuvimos también el conversatorio *Diversidad y Formación: Experiencias de Inclusión en la Transmisión Psicoanalítica*. A través de este diálogo, buscamos fomentar una reflexión profunda sobre cómo nuestras instituciones pueden contribuir a la equidad y a una práctica psicoanalítica más inclusiva y comprometida con la justicia social, considerando también los efectos de escucha en la clínica psicoanalítica.

Así mismo, preparamos el Congreso Didáctico en el marco del congreso de Fepal, el primero presencial desde 2020, con la expectativa de continuar profundizando estas encrucijadas en pos de un psicoanálisis más inclusivo y una transmisión psicoanalítica acorde a los nuevos desafíos epocales.

Referencias

Alegría, C. (1941). *El mundo es ancho y ajeno*. Ercilla Editorial.

Andrade, O. (1928). *Manifiesto antropófago*. Revista de antropofagia. Año 1, No. 1.

Carlino, R. (2010). *Psicoanálisis a distancia*. Ed Lumen.

Freud S. (1887-1904/2006). Manuscrit. G In *Lettres à Wilhelm Fliess*. PUF.

Freud, S. (1891/1983). *Contribution à la conception es aphasies*. PUF.

Freud, S. (1895/1995b). *Projeto de uma psicologia*. (O.F. Gabbi Jr., trad.). Imago.

Freud, S. (1919 [1918]). Nuevos caminos de la terapia psicoanalítica. En *Obras completas* (Vol. 17, pp. 151-163). Amorrortu Editores.

Giovanneti, M. F. (2005). La hospitalidad hoy, en la clínica psicoanalítica. *Revista Uruguaya de Psicoanálisis*, n.100.

Graeber D.; Wengrow, D. (2018). *The Dawn of everything. A new history of humanity*. Penguin books.

Green, A. (2000). Le cadre Psychanalytique : son interiorization chez l´analyst et son application dans la pratique. In *L´avenir d´une désillusion Green& Kernberg* (ed.), pp.11-46. PUF.

Lauriña, C. (2022). *La supervisión psicoanalítica y los principios de su poder*. Letra Viva.

Safouan, M., Julien P., Hoffman C. (1997). *Malestar en el psicoanálisis. El tercero en la institución y el control de análisis*. Nueva Visión.

Szpilka J. (2002). *Sobre los cambios en APA en 1974*. 60 años de psicoanálisis en Argentina. Pasado-Presente-Futuro. Ed. Lumen.

Tomasi di Lampedusa, G. (1958). *El gatopardo*. Anagrama Editorial.

Zuleta, E. (2005). *Sobre la lectura (1982), en Elogio de la dificultad*. Hombre Nuevo Editores (No-vena edición).

Sobre los autores

Ana María Chabalgoity
Psicoanalista en funciones didácticas de Asociación Psicoanalítica del Uruguay (APU). Miembro de la Asociación Psicoanalítica Internacional (IPA) y de Asociación Psicoanalítica de América Latina (Fepal). Ex- directora de Instituto de Psicoanálisis de la Asociación Psicoanalítica de APU (2020-2022). Ex coordinadora del Claustro de Analistas del Instituto de APU (2016-2018). Integrante de la Comisión de Enseñanza del Instituto de Psicoanálisis de APU como representante de la Comisión de Admisión al Instituto (2014-2016). Premio Hayman, para Trabajos publicados sobre niños y adultos traumatizados por el Holocausto; Congreso Internacional de Psicoanálisis, IPA, Chicago, 2009. Integrante y ex-coordinadora para Uruguay (Apu) del Grupo Coordinador del Working Party sobre Especificidad del Tratamiento Psicoanalítico en la Actualidad. Integrante de la Comisión de WP de Fepal (periodos 2017-2018 y 2019-2020). Integrante de la Comisión de Formación y Trasmisión de Fepal (2022-2024). Ha publicado artículos en revistas nacionales y extranjeras, supervisado y dictado cursos y conferencias en el marco de Congresos de IPA, Fepal, nacionales y en el extranjero, así como de propuestas de actividades como docente y supervisora del Comité Profesional de Fepal.

Cecilia Lauriña (org.)
Miembro Titular en Función Didáctica. Asociación Psicoanalítica Argentina (APA, 2007). Docente seminarios y supervisora didáctica del Instituto "Ángel

Garma" de APA. Premio Celes Cárcamo, trabajo a Miembro Titular: Del capricho materno a la ley que permite desear (2007). Coordinadora Sub- comisión y seminario curricular Psicoanalistas en el Territorio. Secretaría científica APA. Miembro de Comisión de Formación y Transmisión de Fepal. Integrante del grupo Psicoanalistas en la Comunidad de Fepal. Ex coordinadora Sub- Comisión Supervisiones Didácticas y Ateneos Clínicos del Instituto de Psicoanálisis "Angel Garma" de APA.

Cecilia Teodora Rodríguez (org.)
Analista en función didáctica de Asociación Psicoanalítica de Guadalajara (APG). Docente y supervisora en el Instituto de APG. Coordinadora de la Comisión de Formación y Transmisión del Psicoanálisis, Fepal (2020-2024). Editora de Calibán, Revista Latinoamericana de Psicoanálisis (2017-2023). Miembro del Equipo editor de la Sección Vórtice de Calibán RLP hasta 2024. Integrante del equipo de Comisión Científica de Fepal (2018-2020). Secretaria suplente de Fepal (2014-2016). Segundo lugar del premio On Training de IPA (2015).

Daniel Delouya
Psicoanalista, miembro efectivo con funciones didácticas en la Sociedade Brasileira de São Paulo (SBPSP). Fue secretario científico, director científico y presidente de la Federación Brasileña de Psicoanálisis (FEBRAPSI) y miembro de las comisiones de Cultura e Historia de la Asociación Psicoanalítica Internacional (IPA). Actualmente, es coordinador alterno de la Comisión de Formación y Transmisión del Psicoanálisis de Fepal y miembro del Board de la IPA para América Latina. Ha publicado varios artículos y capítulos de libros y es autor de seis libros en psicoanálisis, siendo el último publicado por la editorial Blucher: *Análisis, terquedad del síntoma y migración* (2021).

Gabriel Rivera Constanzo
Psicólogo y Psicoanalista en formación egresado del Instituto de Psicoanálisis de la Asociación Psicoanalítica Chilena (APCh). Ha sido secretario científico de la Organización de Analistas en formación de Latinoamérica (OCAL) durante el período 2020-2022 y vice presidente de la misma Organización en el período 2022-2024. Es miembro invitado en la Comisión de Formación y Transmisión del Psicoanálisis de Fepal.

GRÁFICA PAYM
Tel. [11] 4392-3344
paym@graficapaym.com.br